Copyright:
Topp/Riffert, 2947 Friedeburg 2
Telefon 0 44 53 / 5 01 21
Gesamtherstellung:
Werbedruck Köhler + Foltmer,
Ostlandstraße 14, 2900 Oldenburg
Entwurf und Zeichnungen:
Heidi und Klaus Beilstein
ISBN 3-9800681-1-0
1. Auflage 1–10.000 ’83
5. Auflage 60.000–80.000 ’86

Ruth Topp / Anneliese Riffert

VOLLWERT=KOST ZU HAUSE

Preiswert und köstlich

Topp / Riffert, 2947 Friedeburg 2

Eure Heilmittel
sollen Nahrungsmittel
und
eure Nahrungsmittel
sollen Heilmittel
sein

Hippokrates

Vorwort

Es ist kein Geheimnis, daß bestimmte Krankheiten in den Industrieländern seit einigen Jahrzehnten in erschreckendem Maße zunehmen. Dazu gehören unter anderen die Erkrankungen des Verdauungsapparates, alle Stoffwechselstörungen wie Gicht, Fettsucht, Zuckerkrankheit und Schäden an der Leber, Gallen- und Nierensteine, der Gebißverfall, Gelenk- und Wirbelsäulenerkrankungen (Rheuma) und eine mangelnde Infekt-Abwehr.

Es kann als gesicherte wissenschaftliche Erkenntnis gelten, daß die Abkehr von natürlichen Lebensmitteln und deren Ersatz durch raffinierte, industriell veränderte Nahrungsmittel daran schuld sind. Man spricht deshalb von ernährungsbedingten Zivilisationskrankheiten, wobei es bemerkenswert ist, daß es diese bei unberührten Naturvölkern nicht gibt.

Um die Ernährungsgewohnheiten unserer Wohlstandsgesellschaft zu ändern, ist es daher wichtig, den Zusammenhang zwischen Ernährung und Gesundheit zu erkennen. Dabei will Ihnen der theoretische Teil dieses Buches helfen.

Im praktischen Teil wollen wir Sie davon überzeugen,

1. daß entgegen weitverbreiteter Meinung gesundes Essen keineswegs teuer sein muß,
2. daß gesundes Essen köstlich schmeckt und
3. daß die Zubereitung gesunder Kost weder schwierig noch umständlich ist.

Der Einstieg in die Vollwertkost wird Ihnen am besten gelingen, wenn Sie täglich einen Frischkornbrei und Brot aus frisch gemahlenem Korn essen und damit beginnen, Ihre gewohnten Gerichte nach und nach gegen unsere Rezepte auszutauschen.

Sie sollen Ihnen als Anregung dienen, creativ mit Freude und Phantasie zu kochen und dabei eigene neue Rezepte zu erfinden. Ihre Familie wird begeistert sein.

Was ist Vollwertkost?

Die **alte Ernährungslehre** hielt nur die Grundnährstoffe Eiweiß, Kohlenhydrate und Fett sowie einige Mineralstoffe für wichtig. Der Wert einer Nahrung wurde nach ihrem Brennwert (Kalorien, Joule) beurteilt. Am wertvollsten erschien danach ein Nahrungsmittel, das diese Inhaltsstoffe in möglichst konzentrierter Form enthielt.

Neuere Erkenntnisse führten aber zu einer völlig anderen Betrachtungsweise. Bei der **modernen Ernährungslehre** nach Kollath, Bircher-Benner und Bruker entfällt das Kalorienzählen. Vielmehr steht das ganze, unzerstörte Lebensmittel im Vordergrund, in dem alle Nährstoffe im richtigen Verhältnis zueinander und außerdem lebenswichtige Vitalstoffe enthalten sind. Zu den Vitalstoffen gehören die Vitamine, Mineralstoffe, Enzyme, essentielle Fettsäuren, Aromastoffe und die Faserstoffe.

Professor Kollath bezeichnet eine Nahrung dann als vollwertig, wenn sie alles enthält, was der Organismus zu seiner Erhaltung und zur Erhaltung der Art benötigt. Er fordert außerdem: „Aus den Lebensmitteln dürfen nur solche Stoffe entfernt werden, deren Nichtnotwendigkeit in jahrzehntelangen Beobachtungen sicher erwiesen ist, und nur solche Stoffe zugefügt werden, deren Unschädlichkeit ebenso sicher feststeht". (Aus: „Die Ordnung unserer Nahrung".) **Vollwertkost ist keine Diät!**

Kollath unterscheidet zwischen Lebensmitteln und Nahrungsmitteln. Die von ihm erstellte Tabelle (Seite 8) ordnet die Nahrung nach ihrer biologischen Wertigkeit. **Lebensmittel** sind entweder naturbelassen oder nur mechanisch oder fermentativ verändert. **Nahrungsmittel** sind durch Erhitzen, Konservieren und Präparieren verändert und dadurch geschädigt = denaturiert. Sie können nur noch Teilaufgaben erfüllen und keine volle Gesundheit mehr garantieren. Der Wert der Nahrung nimmt von links nach rechts in der Tabelle schrittweise ab bis zu den in der letzten Spalte stehenden Präparaten. Sie haben völlig andere Wirkungen als ihre Ausgangsprodukte und sind als minderwertig anzusehen.

Dr. med. M. O. Bruker faßt in einem einfachen Prinzip die Empfehlungen für eine vollwertige Ernährung zusammen, die imstande ist, alle ernährungsbedingten Zivilisationskrankheiten zu verhüten. Bestehende Krankheiten können je nach Stadium zum Stillstand gebracht oder in ihrem Verlauf günstig beeinflußt werden. Jahrzehntelange klinische Beobachtungen haben die Richtigkeit dieser Grundsätze bestätigt.

Lebensmittel, die täglich gegessen werden müssen:	Nahrungsmittel, die gemieden werden sollen:
1. Vollkornbrot	1. Auszugsmehlprodukte
2. Frischkornbrei	2. Fabrikzucker
3. Frischkost	3. Denaturierte Fette
4. Naturbelassenes Fett	4. Säfte, gekochtes Obst (von Magen-Darm-Empfindlichen)

Wer sich an diese einfachen Regeln hält, hat die Chance, gesund zu bleiben oder es wieder zu werden.

Der biologische Wert eines Lebensmittels ist nicht nur vom Grad seiner Bearbeitung abhängig. Obst, Gemüse, Getreide und Kartoffeln sollten aus biologischem oder biologisch-dynamischem Anbau stammen. Nur so können wir sicher sein, daß die Pflanzen auf gesunden, belebten Böden gewachsen sind, ohne Anwendung von Insektiziden, Herbiziden, Pestiziden und Fungiziden. Nur ein gesunder Boden kann gesunde Pflanzen hervorbringen.
Ein 12 Jahre dauernder Versuch der Deutschen Bundesanstalt für Qualitätsforschung, bei dem die Auswirkung der Düngung mit leicht löslichen Mineralsalzen einerseits und mit Kompost bzw. Stallmist andererseits verglichen wurde, führte zu folgendem Ergebnis: In organisch gedüngten Pflanzen fand man 23% höheren Gehalt an Trockensubstanz (höherer Nährwert), 28% mehr Eiweiß, 19% mehr Gesamtzucker, 23% mehr Aminosäuren, 18% mehr Kalium, 10% mehr Kalzium, 13% mehr Phosphor, 17% mehr Eisen. Außerdem fand sich in organisch gedüngten Pflanzen **93% weniger Nitrat,** das im Körper zu giftigem Nitrit umgewandelt wird.

Die Ordnung unserer Nahrung

Vereinfachtes Schema nach Prof. Kollath

	Lebensmittel			Nahrungsmittel		
	1. natürlich unverändert unerhitzt	2. mechanisch verändert	3. Fermentativ verändert	4. erhitzt	5. konserviert	6. präpariert
Pflanzenreich	**Samen z.B.** Nüsse, Mandeln Sesam	**kaltgepreßte Öle**	**Eigenfermente** Hefe Bakterien	**Gebäcke aus Vollkornmehl** Vollkorn-Haferflocken	**Gebäcke aus Auszugsmehl** Zwieback, Knäckebrot, Konfekt Schokolade Haferflocken	**Pflanzliche Präparate z.B.** Kunstfette (Margarine, Öl) Eiweiß, jeglicher Fabrikzucker, Auszugsmehl (Stärkemehl) und Produkte daraus wie Nudeln, Grieß, geschälter Reis, künstl. Aromastoffe, Vitamine, Wuchsstoffe, Fermente, Nährsalze, Mineralstoffgemische
	Getreide	**Mahlprodukte** Vollkornmehl Schrot	**Breie** ungekochte Breie aus Vollkorn, Vollschrot, Vollkornmehl – „Frischkornbrei"	**Breie gekocht** aus Vollkorn		
	Obst **Gemüse** **Honig**	**Salate** aus Obst und Gemüse Naturtrübe Säfte	**Gärsäfte** **Gärgemüse** z.B. Sauerkraut	**Obst und Gemüse** gekocht	**Obst- und Gemüsekonserven** Marmeladen	
Tierreich	**Eier**	**Blut**	**Fleisch** Schabefleisch	**Fleisch** Fisch Eier, gekocht bzw. gebraten	**Tierkonserven** Wurst	**Tierpräparate** z.B. Fleischextrakt
	Milch	**Milchprodukte** aus unerhitzter Milch	**Gärmilch**	**Erhitzte Milch** und Produkte daraus	**Milchkonserven** H-Milch H-Sahne	**Milchpräparate** Säuglingsnahrung
Getränke	**Quellwasser**	**Leitungswasser**	**Gärgetränke** z.B. Most, Wein, Bier	**Extrakte** Teearten Brühe	**Gemische** Kunstwein	**Destillate** künstl. Mineralwasser, Branntwein

Entnommen „Biologischer Ratgeber für Mutter und Kind" von Dr. med. M. O. Bruker und Ilse Gutjahr

Vollwert geht über die Veränderung der Werte durch menschliche Technik zu den Teilwerten.

Eiweiß
(Proteine)

Eiweiß ist in jeder menschlichen, tierischen und pflanzlichen Zelle enthalten. Die Zufuhr von Eiweiß zum Aufbau und zur Erhaltung des Organismus ist daher lebensnotwendig. Die **alte Ernährungslehre** mißt der Frage: „wie hoch ist der tägliche Eiweißbedarf?" große Bedeutung zu. Wichtiger als die Menge erscheint in der **neuen Ernährungslehre** die Qualität des Eiweißes, wie Prof. Kollath in langjährigen Versuchen bewiesen hat. Er entdeckte außerdem, daß zur Deckung des Eiweißbedarfs unerhitztes = natives Eiweiß notwendig ist.

Es wird heute immer noch behauptet, der Mensch brauche tierisches Eiweiß. Diese Vorstellung stammt aus einer Zeit, da man annahm, daß Pflanzeneiweiß nicht alle notwendigen Aminosäuren, die Bausteine der Eiweiße, enthalte. Von den 20 Aminosäuren sind 8 essentiell, das heißt, sie müssen mit der Nahrung aufgenommen werden, da sie der menschliche Organismus nicht selbst aufbauen kann. Chemische Analysen haben aber bestätigt, daß pflanzliche Eiweiße alle essentiellen Aminosäuren enthalten. Das bedeutet, daß **der Mensch auf die Zufuhr von tierischem Eiweiß nicht angewiesen** ist, was schon die Tatsache beweist, daß der größte Teil der Weltbevölkerung nur von pflanzlichem Eiweiß lebt. Um eine Unterversorgung mit einzelnen Aminosäuren zu vermeiden, sollte man seine Nahrung aus der Vielfalt der pflanzlichen Lebensmittel auswählen.

Der Fleischverzehr der zivilisierten Völker stellt unter diesen Gesichtspunkten eine reine Luxusernährung dar. Angesichts der drastischen Erhöhung des Fleischverbrauchs in der Bundesrepublik Deutschland (er stieg in den letzten 30 Jahren auf das Doppelte) sprechen verschiedene Autoren von einer Eiweißmast. Prof. Wendt weist nach, daß eine **Überernährung mit tierischem Eiweiß zu gesundheitlichen Schäden** führt. So sind bestimmte Zivilisationskrankheiten wie Gicht, Rheuma und Gefäßerkrankungen auf die Speicherung von überschüssigem Eiweiß im Organismus zurückzuführen.

Wenn man weiß, daß die Ernährungssituation heute gekennzeichnet ist von Überfluß, Überernährung, Wohlstandsmangelernährung in den Industrieländern einerseits und Hunger, Dauerschäden und Hungertod in den Entwicklungsländern andererseits, ist jeder Einzelne von uns zum Umdenken aufgerufen. Unsere Massentierhaltung zur Befriedigung eines Luxuskonsums verschlingt nicht nur Energie, sondern entzieht den Entwicklungsländern wichtige Nahrungsmittel, die wir für Futterzwecke importieren, z.B. Getreide, Sojabohnen u.a. Der Umweg über die Fleischproduktion erscheint widersinnig, wenn man bedenkt, daß der Kalorienumsatz von Weizen für Brot 1:1 beträgt, für Hühnerfleisch 12:1, für Schweinefleisch 3:1, für Rindfleisch 10:1.

Bei direkter Ernährung mit Getreide können auf einer landwirtschaftlichen Fläche durchschnittlich 10 mal mehr Menschen satt werden als auf dem Umweg über das Tier.

Getreide

Getreide hat schon immer eine zentrale Rolle in der Ernährung aller Völker eingenommen. Sein harmonischer Aufbau, das ausgewogene Verhältnis seiner Inhaltsstoffe, seine Lagerfähigkeit und seine Eigenschaften als lebendiges Naturprodukt machen es zu einem idealen Lebensmittel.

Jahrtausendelang wurde Getreide zu Mehl vermahlen und ohne weitere Bearbeitung in Form von Brei genossen. Später erst lernte der Mensch die Brotzubereitung, zuerst ohne Treibmittel als Fladenbrot; später folgten die Gärbrote mit Sauerteig und Hefe. Immer wurde das Getreide als Ganzes verarbeitet. Nur die Wohlhabenden leisteten sich das gesiebte hellere Mehl, bei dem die Randschichten größtenteils fehlten.

Das Vollmehl war leider nicht haltbar, da der fetthaltige Keim leicht ranzig wurde. Deshalb stellte man nur die jeweils benötigte Menge Mehl für den direkten Verbrauch her.

Das änderte sich mit der Entstehung der Großmühlen in der Mitte des letzten Jahrhunderts. Jetzt gab es technische Verfahren zur Entfernung von Keim und Randschichten. Auf diese Weise gelang die Isolierung des weißen Mehlkerns, der lange lagerfähig war.

Dies war die Geburtsstunde der Auszugsmehle.

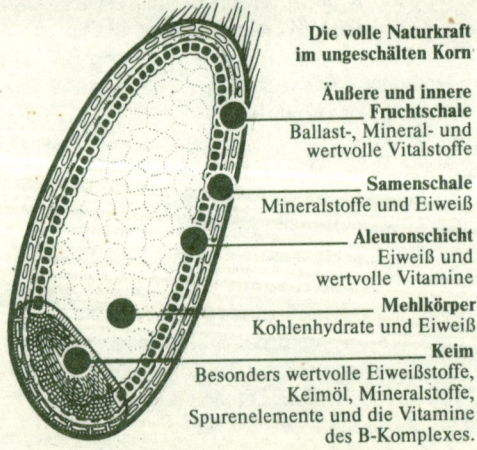

Die volle Naturkraft
im ungeschälten Korn

Äußere und innere
Fruchtschale
Ballast-, Mineral- und
wertvolle Vitalstoffe

Samenschale
Mineralstoffe und Eiweiß

Aleuronschicht
Eiweiß und
wertvolle Vitamine

Mehlkörper
Kohlenhydrate und Eiweiß

Keim
Besonders wertvolle Eiweißstoffe,
Keimöl, Mineralstoffe,
Spurenelemente und die Vitamine
des B-Komplexes.

Wenn man sich den abgebildeten Schnitt durch ein Getreidekorn ansieht, erkennt man, daß in der Schale und im Keim nicht nur die Nährstoffe Eiweiß, Fett und Kohlenhydrate enthalten sind, sondern alle Vitalstoffe, die zur Erhaltung der Gesundheit unerläßlich sind. Die bei der Herstellung von Auszugsmehl anfallende Kleie wanderte in die Tierfütterung, da man ihren Wert nicht erkannte. Erst Jahrzehnte später stellten sich die gesundheitlichen Nachteile heraus.

Die Verluste an Vitalstoffen sind beim Auszugsmehl erheblich.

Die Weltgesundheitsorganisation WHO stellte den Bedarf an Vitamin B 1 mit 1,5 mg pro Tag fest. Der tatsächliche Gehalt der Zivilisationskost an Vitamin B 1 liegt aber bei 0,8 mg pro Tag.

Die durch Ausmahlen entstandenen Verluste betragen bei Vitamin B 1 50–86%, bei Vitamin E 100%, bei Eisen, Kupfer, Magnesium, Mangan und Kalium 52–84%.

Durch Fütterungsversuche an Ratten haben die Forscher Kühnau und Bernásek herausgefunden, daß nur die mit Vollkornmehl gefütterten Tiere gesund blieben und gesunde Nachkommen hatten, während die mit Auszugsmehl ernährten Tiere in kurzer Zeit starben. Diese Ergebnisse sind auf den Menschen übertragbar. Der Mensch stirbt zwar nicht infolge des Verzehrs von Auszugsmehl, aber er wird chronisch krank.

Um diesen Schäden vorzubeugen, ist es nötig, die Auszugsmehle durch Vollgetreide zu ersetzen, zum Beispiel durch das Vollkornbrot und den Frischkornbrei.

Da ein echtes Vollkornbrot, das aus biologisch angebautem Korn hergestellt und sofort nach dem Mahlen verbacken wurde, nicht überall zu haben ist, wäre es sinnvoll, Brot wieder selbst zu backen. Um die wertvollen Bestandteile in Schale und Keim voll zu nutzen, benötigt man eine Haushaltsgetreidemühle, wie sie im Handel erhältlich ist. Das hat außerdem den Vorteil, daß alles Mehl, das in der Küche gebraucht wird, kurz vor der Verarbeitung hergestellt werden kann.

Wer eine Anleitung zum Backen von Brot und Vollkorngebäck sucht, sei auf unser im selben Verlag erschienenes Buch: „Vollkornbäckerei zu Hause" verwiesen.

Getreidearten

Weizen:

In Mitteleuropa wurde der Weizen erst in jüngster Zeit zum Grundnahrungsmittel. Die wichtigen mineralischen Substanzen befinden sich in den Randschichten, wo auch das Eiweiß angereichert ist. Deshalb sollte beim Weizen besonders darauf geachtet werden, das ganze Korn zu verarbeiten. Es enthält 11–13% Protein, das sogenannte Klebereiweiß, das die gute Backfähigkeit bedingt. Wegen seiner leichten Verdaulichkeit ist Weizen besonders für den geistig arbeitenden Menschen geeignet.

Dinkel

Dinkel ist eine alte Kulturform des Weizens. Wegen seines hohen Anteils an Klebereiweiß ist er hervorragend zum Backen geeignet, doch dient er hauptsächlich zur Herstellung von Grünkern.

Grünkern

Grünkern ist ein in der Milchreife geernteter und auf Holzfeuer gedarrter Dinkel. Er enthält viel Eiweiß, Kalium, Phosphor und Eisen. Er duftet würzig und ist besonders für pikante Getreidespeisen geeignet.

Gerste

Gerste ist neben dem Weizen das älteste Getreide. Sie enthält besonders viel Kieselsäure. Wenn Gerstengerichte in die Nahrung aufgenommen werden, lassen sich Bindegewebsschwäche, Haltungsschäden und Bandscheibendegeneration bessern oder verhüten. Gerstenschleim eignet sich zur Krankenkost.

Hafer

Hafer gehört wie die Gerste zu den Spelzgetreiden und muß enthülst werden. Neuerdings gibt es eine spelzenlose Züchtung, den Nackthafer. Hafer erhöht die körperliche Kraft und die geistige Aufnahmefähigkeit. Er ist reich an Spurenelementen und Kieselsäure und wirkt günstig auf Haut und Haare.

Roggen

Roggen ist neben dem Weizen das wichtigste Brotgetreide. Er ist wie dieser ohne Spelze und braucht deshalb nicht geschält zu werden. Roggen regt die inneren Kräfte des Organismus an. Durch seinen hohen Kaliumgehalt wird ein heilsamer Effekt auf die Leber erzielt.

Reis

Die Hälfte der Menschheit lebt vom Reis. Der Naturreis oder Vollreis enthält viel Eiweiß, Vitamin E und die wichtigsten Vitamine der B-Gruppe. Er regt den Flüssigkeitshaushalt an und wird daher gerne zur Anregung der Wasserausscheidung gegeben. Er ist arm an Natrium und spielt bei der Behandlung von Nierenerkrankungen und Bluthochdruck eine Rolle. Naturreis schmeckt würzig und bleibt beim Kochen körniger als polierter Reis.

Hirse

Hirse ist wie Hafer und Gerste ein Spelzgetreide und muß geschält werden. Aber auch dann ist sie noch als Vollkornprodukt anzusehen. Hirse wirkt günstig auf Augen, Haut, Haare und Nägel. Ihr reicher Gehalt an Spurenelementen wie Fluor, Magnesium und Eisen macht sie für die Mineralstoffversorgung des Organismus besonders geeignet.

Mais

Mais ist das Korn der Indianer. Zum Brotbacken ist es nicht geeignet – in Europa wird er gemahlen und als Grütze verarbeitet. In Italien ist sie als Polenta bekannt, in Österreich als Türkensterz oder Kukuruz. Mais hat eine Bedeutung in der Diätetik: es gibt eine Unverträglichkeit gegen Klebereiweiß, die mit Mais-Eiweiß ausgeglichen werden kann, da es frei ist von Kleber.

Buchweizen

Der Buchweizen ist keine Getreidefrucht, sondern gehört zu den Knöterichgewächsen. Man kann ihn aber in der Küche wie Getreide verwenden, vor allem weil sein Eiweiß lockernd wirkt. Er enthält neben dem Vitamin B-Komplex viel Lecithin. Außerdem ist er reich an Lysin, eine für das Knochenwachstum wichtige Aminosäure. Buchweizen sollte wieder als wertvolles Nahrungsmittel in den Speiseplan eingefügt werden.

Fette

Fette sind neben Kohlenhydraten und Eiweiß Grundbestandteile der menschlichen Ernährung. Man unterscheidet gemeinhin zwischen tierischem und pflanzlichem Fett. Sinnvoller ist es, zwischen naturbelassenen und künstlichen Fetten zu unterscheiden. Zur Erhaltung der Gesundheit sind naturbelassene, unerhitzte Fette nötig, da sie ungesättigte Fettsäuren und fettlösliche Vitamine enthalten (A, D, E, K). Ungesättigte Fettsäuren sind reaktionsfähig und somit für die wichtigen Stoffwechselvorgänge unentbehrlich.

Fett macht nicht fett – das gilt auch für Übergewichtige. Die Einschränkung des Fettverzehrs kann sogar zu Mangelerscheinungen führen. Ablagerung von Körperfett entsteht durch den Genuß von denaturierter Zivilisationskost. Zur Normalisierung des Fettstoffwechsels muß naturbelassenes Fett verzehrt werden.

Natürliche Fettspender sind: Getreidekeime, Leinsamen, Sonnenblumenkerne, Oliven, Disteln, Sojabohnen, Sesamsamen, Raps und alle Arten von Nüssen. Öle sind am wertvollsten, wenn sie durch kalte Pressung gewonnen werden. Leider sind sie nicht unbegrenzt haltbar – man sollte sie deshalb kühl lagern und bald verbrauchen.

Ebenso wertvoll wie das unerhitzte Öl ist das Milchfett in Form von Butter und Sahne. Butter ist ein Naturprodukt und wird seit Jahrtausenden verzehrt, ohne die Gesundheit zu beeinträchtigen. Milchfett ist gut verträglich, auch für Magen-Darm-Empfindliche.

Demgegenüber unterliegen die industriell hergestellten Fette einer starken chemischen und physikalischen Bearbeitung. Die wichtigsten Stufen sind: Erhitzen, Raffinieren, Bleichen, Desodorieren, Blankfiltrieren, Härten. Durch diese Prozesse bleiben in den gewöhnlichen Margarinen und Ölen Fremdstoffe zurück. Außerdem enthalten die so entstandenen Kunstfette so gut wie keine fettlöslichen Vitamine und ungesättigten Fettsäuren mehr. Sie sind denaturierte Nahrungsmittel, die man mit den Auszugsmehlen und dem Fabrikzucker auf eine Stufe stellen kann. Eine gewisse Ausnahme bilden die Reformmargarinen, die auf schonendere Art hergestellt werden.

Empfehlung für die Küche: Bei Magen-Darm-Empfindlichkeit das Fett möglichst nicht gemeinsam mit den Speisen erhitzen, da es dadurch zu Unverträglichkeit kommen kann. Sie sollten Fett besser nach dem Kochen zufügen.

Zucker

Zucker gehört wie die Stärke zu den Kohlenhydraten. Er wird von jeder Zelle als Energielieferant gebraucht und kommt in allen natürlichen Lebensmitteln vor, z. B. in Obst, Gemüse und Getreide. Hier wird er allerdings begleitet von Eiweiß, Fett und Vitalstoffen, die für den ungestörten Ablauf des Stoffwechsels sorgen.

Anders verhält es sich jedoch, wenn das Kohlenhydrat Zucker aus seinem ganzheitlichen Verband durch chemische und physikalische Prozesse herausgelöst = isoliert wird. Dieser **Fabrikzucker** enthält keine lebenswichtigen Vitalstoffe mehr, hat im Organismus ganz andere Wirkungen als das Naturprodukt und kann nur als leerer Kalorienträger bezeichnet werden. Auch andere im Handel befindliche, isolierte Zuckerarten wie z. B. brauner Zucker, Rohrzucker, Traubenzucker, Fruchtzucker, Milchzucker und Malzzucker sind industriell hergestellte Produkte, die nichts mehr mit ihrem Ursprung in der Pflanze zu tun haben.

Zur Umsetzung von Kohlenhydraten benötigt der Körper unter anderem das Vitamin B 1, das besonders in den Randschichten und Keimen von Getreide zu finden ist. Es werden aber leider hauptsächlich Auszugsmehle verzehrt, in denen dieses Vitamin fehlt. Durch den Genuß von Fabrikzucker wird dieser Mangel noch verstärkt. Viele Forscher auf der ganzen Welt haben nachgewiesen, daß der hohe Verzehr dieser beiden denaturierten Produkte an der Ausbreitung der ernährungsbedingten Zivilisationskrankheiten schuld ist.

Daß Zahnschäden durch süße Speisen hervorgerufen werden, ist allgemein bekannt. Prof. Kollath hat nachgewiesen, daß übermäßiger Zuckergenuß zu Störungen im Mineralstoffhaushalt des Körpers führt und Zähnen und Knochen wichtige Stoffe, besonders Kalk, entzieht. Auf diese Weise wirkt Zucker nicht nur als Vitamin-, sondern auch als Kalkräuber.

Dr. Bruker hat außerdem gefunden, daß Fabrikzucker die Verträglichkeit und Bekömmlichkeit von Vollkornprodukten und Frischkost zu stören vermag. Er sollte daher bei der Umstellung auf eine vollwertige Ernährung unbedingt weggelassen werden! Womit soll man dann aber süßen? Im Rahmen einer vitalstoffreichen Vollwertkost bleiben gar nicht viele Speisen übrig, die man süßen muß. An Stelle von gekochtem Obst sollte lieber rohes Obst gegessen werden. Vollkorngebäcke können mit etwas Honig, eingeweichten Trockenfrüchten oder Obstdicksaft gesüßt werden.

Kein Mensch braucht isolierten Zucker, auch wenn uns die Werbung mit Sprüchen wie: „Kinder brauchen Zucker" oder „Zucker zaubert" das Gegenteil einreden will. Das sogenannte Bedürfnis nach Süßem ist uns schon in der Kindheit anerzogen worden und kann zur Sucht werden. **Eine vollwertige Kost setzt das Verlangen nach Süßem herab.**

Frischkost

Die Frischkost hat in der Vollwerternährung eine besondere Bedeutung. Wir verstehen darunter Lebensmittel, die nicht durch Erhitzen ihre Eigenfermente verloren haben. Diese lebendigen Eiweißkörper regen die Tätigkeit unserer Verdauungsdrüsen an und unterstützen so die Verdauungsorgane. Außer unerhitztem Obst und Gemüse gehört zur Frischkost auch der Frischkornbrei, gekeimtes Getreide, Samen, Nüsse und naturbelassene, unerhitzte Fette.

Gekochte Gerichte sind selbstverständlich nicht tabu, doch bedeutet Kochen immer eine Wertminderung. Je leistungsfähiger wir sein wollen, desto größer sollte der Frischkostanteil unserer Nahrung sein. Er ist Schutzkost und Heilkost zugleich und sollte vor jeder Mahlzeit gegessen werden. Das hat folgende Gründe:

1. Durch das gründliche Kauen werden die Verdauungssäfte angeregt und eine Sättigung schneller erreicht als bei gekochter Kost.
2. Bei der Aufnahme von gekochter Nahrung kommt es zu einem Anstieg der weißen Blutkörperchen – der sogenannten Verdauungs-Leukozytose. Müdigkeit nach dem Essen ist oftmals die Folge. Wird die Mahlzeit mit Frischkost begonnen, bleibt diese Reaktion aus.

Die tägliche Frischkostplatte sollte möglichst aus einer Kombination von Blattgemüse (über der Erde gewachsen) und Wurzelgemüse (unter der Erde gewachsen) bestehen. Verwenden Sie unter anderem naturbelassene Öle, Obstessig oder Zitronensaft, süße oder saure Sahne. Auch Mayonnaise ist geeignet, sofern sie mit kaltgepreßtem Öl hergestellt wurde, evtl. unter Zusatz von Quark.

Salatsoße immer zuerst fertigmachen. Erst kurz vor dem Anrichten das kleingeschnittene oder geraspelte Gemüse zugeben. Niemals im Wasser liegenlassen.

Zum Überstreuen eignet sich alles, was gekeimt werden kann, wie Senf, Sojabohnen, Kresse, Alfalfa, sowie Nüsse. Sehr gut geeignet sind natürlich alle frischen Kräuter, entweder aus dem Garten oder gesammelte Wildkräuter, z.B. Löwenzahn oder Brennessel. Auch sie werden erst kurz vor dem Verzehr zerkleinert.

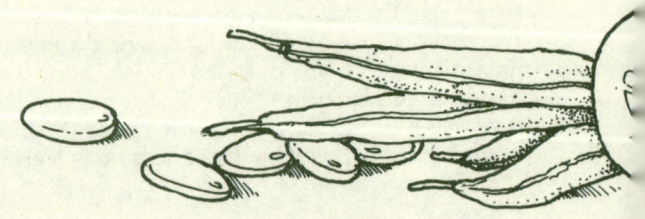

Salate
& Salatsaucen

Löwenzahn-Salat

Zutaten:

125 g Löwenzahn
  3 hart gekochte Eier
  4 Eßl. Olivenöl
  1 Teel. Senf
  1 Teel. Honig
  1 Teel. Zitronensaft
  Salz, Pfeffer
  **2 Eßl. Kräuter (Schnittlauch,
  Petersilie, Kerbel, Estragon,
  Dill, Zitronenmelisse, Minze)**
  1 Zwiebel

Zubereitung:

Eigelb mit Öl, Senf und den Gewürzen verrühren. Die fein gehackte Zwiebel und die Kräuter dazugeben. Löwenzahn in Streifen schneiden und unter die Soße heben.

Variation:

1 kl. Tasse in feine Scheiben geschnittene *Champignons* und 2 Eßl. grob gehackte *Walnüsse* unter den Salat mischen.

Feld-Salat

Zutaten:

400 g Feldsalat

Salatsoße:

4 Eßl. Öl
1 Eßl. Essig
1 kl. geriebene Zwiebel
½ Teel. Meerrettich
Honig und Salz

oder

2 Eßl. Öl
1 Becher Joghurt
1 Teel. milder Senf
Honig, Salz, Pfeffer
**1 kl. in hauchdünne Streifen
geschnittene Zwiebel**
100 g gehackte Walnüsse

Zubereitung

Salat putzen, waschen, trocknen.
Salatsoße zubereiten und vorsichtig durchmischen.

Variation:

Feldsalat *mit Fenchel* (dünn in Scheiben geschnitten).

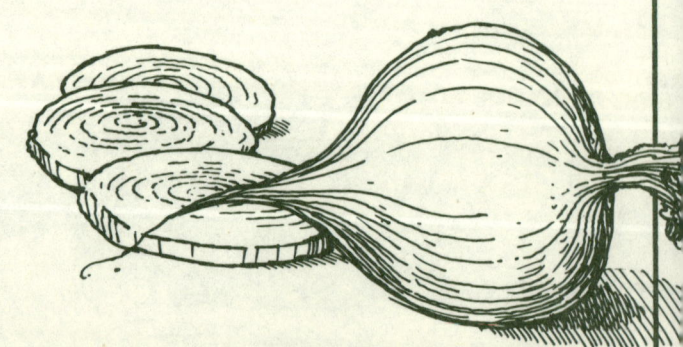

Mai-Salat

Zutaten:

100 g Schnittsalat
 50 g Spinatblätter
 50 g junge Löwenzahnblätter
 50 g junge Brennesselspitzen
Sauerampfer- und Gänse-
blümchen-Blätter
 1 Eßl. Salatkräuter
 1 Bd. Radieschen
 2 Eßl. Kresse

Salatsoße:

 1 Eigelb
 1 Teel. Senf
 4 Eßl. Olivenöl
 1 Eßl. Zitronensaft
 1 Eßl. Apfeldicksaft
Salz, Pfeffer

Zubereitung:

Salatsoße zubereiten. Salatblätter waschen und aus-
schwenken. Kräuter, Brennessel- und Sauerampfer-Blätter
fein hacken. Radieschen in Scheiben schneiden und alles
mit den Salatblättern mischen. Kresse darüberstreuen.

Möhren-Salat

Zutaten:

500 g Möhren
2 Äpfel
1–2 Zitronen
1 Eßl. Apfeldicksaft oder
½ Eßl. Honig
2 Eßl. Öl
evtl. 1–2 Eßl. Creme fraîche
Kräutersalz, Ingwerpulver
75 g Haselnüsse

Zubereitung:

Möhren fein, Äpfel grob raspeln, mischen und mit Zitronensaft übergießen. Eine Soße aus den restlichen Zutaten rühren und unterheben. Mit den gehackten Nüssen bestreuen.

Möhren-Salat pikant

Zutaten:

400 g Möhren
1 Paprika
1 Handvoll zarte, rohe Erbsen
1 Zwiebel, fein gehackt
Kerbel, Estragon, Melisse,
Schnittlauch, Dill
Quark-Sahne-Soße mit ½ Teel.
Kräutersenf

Zubereitung:

Möhren fein raspeln, Paprika in hauchdünne kleine Streifen schneiden, mit den rohen Erbsen, der Zwiebel und den Kräutern mischen.

Variation:

Petersilienwurzel (oder Pastinake) raspeln und zugeben. Mit einem Rand aus *Kresse*, Borretschblüten oder Gänseblümchen anrichten.

Sellerie-Salat

Zutaten:

600 g Sellerie
2 Äpfel
1–2 Eßl. Zitronensaft
3 Eßl. Walnüsse
Quark-Sahne-Soße mit Pfeffer
oder Paprika (Seite 27)

Zubereitung:

Sellerie fein raspeln, Äpfel grob raspeln. Mischen und mit Zitronensaft beträufeln. Soße unterrühren und mit den gehackten Walnüssen bestreuen.

Variationen:

1. In Stücke geschnittene frische *Ananas* zugeben.
2. Statt 600 g *Sellerie* nur 300 g und 300 g *Mohrrüben*.
3. 300 g Sellerie raspeln,
   300 g *Gurken* grob raspeln,
   3 Eßl. *Mungbohnenkeime*.

Staudensellerie-Salat (Bleichsellerie-Salat)

Zutaten:

1 Bleichsellerie
75 g Walnüsse, gehackt
Sahne-Soße (Seite 27)

Zubereitung:

Staude von den harten Teilen und den bitteren Blättern befreien, in 1 bis 2 cm feine Stücke schneiden und unter die Salatsoße heben. Mit den Nüssen bestreuen.

Variationen:

1. Staudensellerie mit Apfelstücken oder *Apfel-* und *Ananas*-Stückchen mischen. Auf einem *Salatblatt* portionsweise anrichten.
2. Selleriestangen der Länge nach dick bestreichen mit einer Creme aus 1 Eßl. Butter, 3 Eßl. *Frischrahmkäse*, 3–4 Eßl. Quark, 4 Eßl. geriebenem Käse, Sahne, Kräutersalz, etwas Cognac oder Sherry. Mit Radieschen-Scheiben belegen und mit Dill bestreuen.
3. Staudensellerie und *Fenchelknolle* (sehr fein geschnitten) mischen. Fenchelgrün (gehackt) darüberstreuen.

Blumenkohl-Salat

Zutaten:

1 Blumenkohl
75 g gehackte Haselnüsse
   Saft einer Zitrone
⅛ Ltr. Creme fraîche oder
   saure Sahne
1 Teel. Meerrettich
   Salz, Pfeffer, Honig

Zubereitung:

Blumenkohl fein reiben, mit Zitronensaft beträufeln und
mit den restlichen Zutaten mischen.

Variationen:

1. Blumenkohl-Salat mit gekochten, gehackten *Eiern* und
   Schnittlauch bestreuen.
2. Blumenkohl-Salat mit einem *Kresse-* oder *Feldsalat-*
   Rand anrichten.
3. Statt Blumenkohl eignet sich auch **Broccoli.**

Bunter Salat

Zutaten:

1 Kopf- oder Eissalat
500 g Tomaten
2 Paprika-Schoten
1 Gemüsezwiebel
1 kl. Gurke
   evtl. 1 kl. Zucchini
2–3 hart gekochte Eier
150 g Schafskäse
   evtl. Oliven, gehackte Kräuter

Zubereitung:

Salatschüssel mit Kopfsalatblättern auslegen. Alle Zutaten
in Scheiben geschnitten schichtweise darauflegen. Kräuter
dazwischenstreuen und mit Essig-Öl-Soße (siehe Seite 27)
begießen.

Sauerkraut-Salat

Zutaten:

500 g Sauerkraut
2 Äpfel
1 kl. Zwiebel
evtl. ¼ – ½ **Ananas**

Salatsoße:
3 Eßl. Öl
1 Teel. Honig

Zubereitung:

Sauerkraut etwas kleiner schneiden, Zwiebel fein hacken und die Äpfel grob raspeln. Mit der Salatsoße vermengen und abschmecken.

Variation:

250 g gewürfelte frische *Ananas* oder 250 g halbierte *Weintrauben* zugeben.

Chicorée-Salat mit Mandarinen

Zutaten:

500 g Chicorée
3–4 Mandarinen oder 2 Apfel-
sinen
75 g gehackte Walnüsse
1 Zitrone
1 Becher Creme fraîche oder
saure Sahne
1 Eßl. Obstdicksaft oder Honig
Salz, Pfeffer, Paprika

Zubereitung:

Chicorée vom bitteren Kern befreien und in Streifen schneiden. Mit den Mandarinestückchen und den Nüssen mischen. Salatsoße anrühren, abschmecken und unterheben.

Variation:

An Stelle der Mandarinen eine *Banane* und 1–3 *Äpfel* (in Scheiben geschnitten) verwenden.

Weißkohl-Salat

Zutaten:
500 g Weißkohl oder Chinakohl
1 Zwiebel
evtl. 100 g Champignons

Salatsoße:
4 Eßl. Öl
1–2 Eßl. Obstessig
1 Teel. Honig
1 Teel. Meerrettich
1 Teel. Sojasoße
Kümmel, Selleriesalz, Pfeffer,
Knoblauch

Zubereitung:
Salatsoße anrühren. Weißkohl waschen und sehr fein hobeln. Mit etwas Salz stampfen, die kleingehackte Zwiebel zugeben und mit der Soße vermengen.

Variation:
100 g blättrig geschnittene *Champignons* zufügen.

Rotkohl-Salat

Zutaten:
400 g Rotkohl, fein gehobelt
1 Zwiebel, fein gehackt
2 Äpfel, in dünne Scheiben
geschnitten
50 g Rosinen
100 g Walnußhälften

Salatsoße:
4 Eßl. Öl
3 Eßl. Orangensaft
2 Eßl. Zitronensaft
1–2 Eßl. Honig
Meersalz, Ingwer

Zubereitung:
Rotkohl mit etwas Salz bestreuen und leicht stampfen. Mit den anderen Zutaten und der Salatsoße mischen.

Variation:
*Bananen*scheibchen und *Orange*stückchen noch dazugeben.

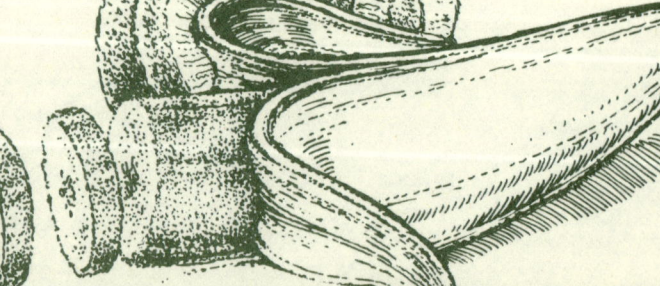

Weitere Salatvorschläge

1. **Zwiebeln und Paprika** — in hauchdünne Ringe geschnitten. Öl-Essig-Soße.

2. **Champignons und Soja-sprossen** — Champignons roh in dünne Scheiben geschnitten, Zwiebel fein gehackt und gemischt mit Sojasprossen. Öl-Essig-Soße oder Sauce Vinaigrette.

3. **Radicchio** — mit in feine Streifen geschnittenem Porrée (oder Gemüse-zwiebeln). Kapernsoße.

4. **Kresse** — mit Zwiebeln (kleingehackt) und Radieschenscheiben. Öl-Essig-Kräuter-Soße oder Sauce Vinaigrette.

5. **Römer-Salat** — Blätter in 3–4 cm breite Streifen schneiden, mit Zwiebeln (fein gehackt), Pimpinelle, Estragon und evtl. *Kresse* an-richten. Jede Salatsoße geeignet.

6. **Topinambur** — grob raspeln. Quark-Sahne-Soße mit Kapern, Dill, Estra-gon und Kerbel.

7. **Petersilienwurzeln** — Quark-Sahne-Soße mit Schnittlauch.

8. **Schwarzwurzeln** — und Äpfel in die Quark-Sahne-Soße raspeln. Gehackte Walnüsse darüberstreuen.

9. **Kohlrabi** — geschält und geraspelt. Sahne-Soße mit Schnittlauch, Petersilie, Kerbel. Evtl. halb Kohlrabi, halb Möhren. Nach Geschmack mit gerösteten Pinienkernen bestreuen.

10. **Eissalat** — in dicke Streifen geschnitten. Gurke grob geraspelt. Garnieren mit Radieschenscheiben oder Tomatenvierteln. Pikante Sahne-Soße mit Dill oder Sauce Vinaigrette.

11. **Grünkohl** — abgestreift von den Strunken und mit 1 Zwiebel fein gehackt. Pikante Quark-Sahne-Soße mit Muskatnuß und Koriander.

12. **Gurken–Zucchini** — grob raspeln. Zwiebeln, Borretsch, Schnittlauch, wenig Salbei, Dill fein gehackt. Sahne-Soße mit Kapern oder Italienischer Soße. Evtl. 3 Eßl. Mungobohnenkeime zu-geben.

13.	**Kürbis**	grob raspeln. Öl-Essig-Soße mit gestoßenem Koriander, Dill und Minze. Geröstete Sonnenblumenkerne darüberstreuen.
14.	**Rosenkohl**	in dünne Scheiben schneiden, wenig Zwiebeln (fein gehackt). Quark-Sahne-Soße mit Muskat. Geröstete Mandelstifte darüberstreuen.
15.	**Rote Beete (rote Rübe)**	sauber gebürstet und fein geraspelt. Äpfel grob geraspelt. Zitronen-Sahne-Soße mit Meerrettich, Fenchelkraut und Zitronenmelisse oder Öl-Essig-Soße mit Basilikum, ein wenig Ysop, Kümmel und Koriander (gestoßen).

Salat-Saucen

Quark-Sahne-Soße

2 Eßl. Zitronensaft
½ Eßl. Apfeldicksaft oder Honig
1 Eßl. Quark mit
⅛ Ltr. Sahne verrührt (oder 150 g Creme fraîche)
Salz, Pfeffer
evtl. ½ Teel. Kräutersenf und 1 Teel. Kapern
Dill, Kerbel, Estragon, Kresse

Essig-Öl-Soße

5 Eßl. Öl (gut schmeckt Olivenöl)
2 Eßl. Obstessig
½ Teel. Kräutersenf
1 Teel. Honig
2 Teel. fein gehackte Zwiebeln
3 Eßl. Salatkräuter
Salz, Pfeffer, Knoblauch, evtl. Kapern

Italienische Salat-Soße

4 Eßl. Quark-Mayonnaise (siehe Seite 49)
1 Becher Joghurt
2 Eßl. Tomatenmark
1 Teel. Apfeldicksaft
Salz, Cayennepfeffer, Knoblauch, Basilikum
1 gehackte Schalotte

Roquefort-Soße

1 Becher (150 g) saure Sahne
70 g Roquefort-Käse
1 Eßl. Obstessig
2 Eßl. Wein
2 Eßl. Öl
1–2 Eßl. Petersilie, gehackt
Salz, Pfeffer schwarz

Meerrettich-Soße

3 Eßl. Meerrettich
4 Eßl. Quark-Mayonnaise (siehe Seite 49)
4 Eßl. geschlagene Sahne

Curry-Soße

200 g Dickmilch oder Kefir
1 Eßl. Obstessig
1 Teel. Apfeldicksaft oder Akazienhonig
½ Teel. Salatgewürze
1 gestr. Teel. Curry
½ Eßl. Öl, kalt geschlagen

Sahne-Soße

1 Becher saure Sahne
2 Eßl. Creme fraîche
1 Eßl. Zitronensaft
Honig, Salz, Pfeffer
mit Kräutern oder mit 1 Eßl. Tomatenmark und
1 Teel. Cognac

Zitronen-Öl-Soße

2 Eßl. Öl
1–2 Eßl. Apfeldicksaft
2 Eßl. Zitronensaft
¼ Ltr. saure Sahne
Kräutersalz, Pfeffer, Zitronenmelisse, Kerbel,
Dill, Orangenminze, Fenchelkraut

Kräuter-Soße, scharf

8 Eßl. Olivenöl
1–2 Eßl. Obstessig
1 Eßl. Zitronensaft
1–2 Eßl. Kapern
6 Oliven, klein geschnitten
½ Teel. Kräutersenf
¼ Teel. Chili-Schote
1–2 Eßl. Pinienkerne
dazu kleingehackt:
1 kl. Zwiebel
1 Knoblauchzehe
4 Eßl. Schnittlauch
6 Eßl. Petersilie
Kräutersalz, Pfeffer

Sauce Vinaigrette

(siehe Soßen – Seite 46)

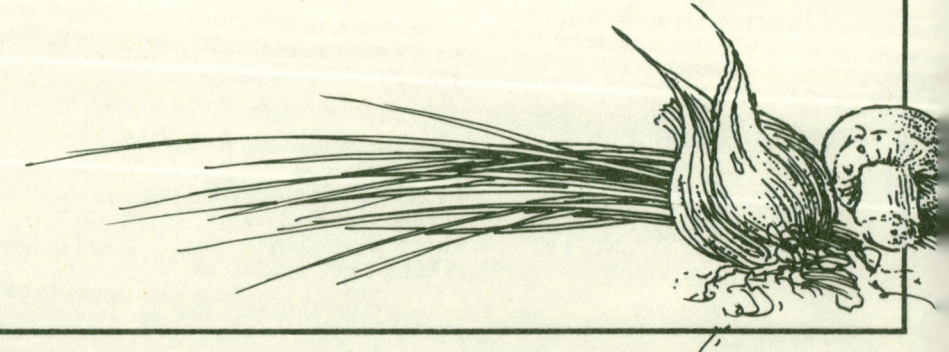

Suppen & Suppeneinlagen
und Saucen

Herstellung einer Gemüsebrühe 1

Zutaten:

**Vielerlei Gemüse der Jahreszeit,
auch – wenn vorhanden –
Wildgemüse wie
Brennesseln
Beinwell etc.
Suppenkräuter
Zwiebeln
Knoblauchzehe
1 kl. Lorbeerblatt
Pfefferkörner
Pimentkörner
Salbei
Thymian
Liebstöckl
Kräutersalz**

Zubereitung:

Gemüse waschen, klein schneiden und mit den Gewürzen in kaltem Wasser aufsetzen und mindestens 2 Stunden langsam einkochen lassen. Suppe durchsieben.
Die Brühe ist fertig, wenn sie einen kräftigen Geschmack hat.

Herstellung einer Gemüsebrühe mit Pilzen:

In der Gemüsebrühe verschiedene frische oder getrocknete Pilze mitkochen lassen.

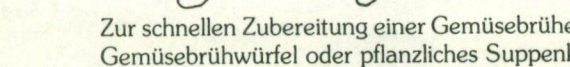

Herstellung einer Gemüsebrühe 2

Zur schnellen Zubereitung einer Gemüsebrühe pflanzliche Gemüsebrühwürfel oder pflanzliches Suppenkonzentrat nach Gebrauchsanweisung verwenden.

Variationen:

1. In die fertige Gemüsebrühe ungeschälte Kartoffeln hineinreiben und 10 Min. weiterkochen. Mit Butter, Salz, Petersilie, Schnittlauch, Kerbel abschmecken. Ergibt eine bekömmliche, gesunde, basenüberschüssige Suppe.

2. In die fertige Gemüsebrühe frisches, zartes *Frühlingsgemüse* schneiden und 5–10 Min. garen. Mit Hafer- oder Grießklößchen und gehackter Petersilie anrichten.

3. *Gemüsesuppe.* In der fertigen Brühe 10–15 Min. kochen lassen: Gemüse quer durch den Garten, wie Porrée, Sellerie, Petersilienwurzel, Möhren, Kartoffeln, Zwiebeln, Zucchini, Erbsen, Körner von Maiskolben und Pilze etc. Lassen Sie Ihrer Fantasie freien Lauf. Wenn es fast gar ist, können Sie noch klein geschnittenen Spinat zugeben. Abschmecken mit Butter, Kräutern und Gemüsebrühe-Extrakt.

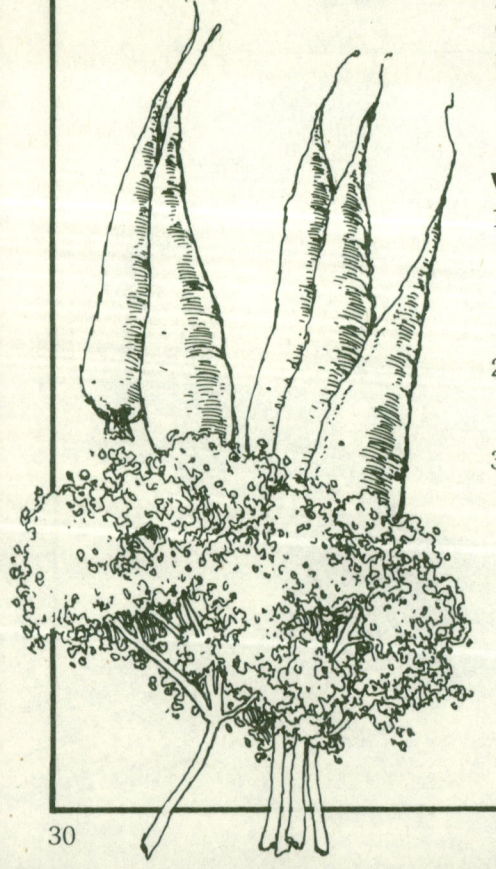

Brennessel-Suppe

Zutaten:

250 g Brennesseln
100 g Suppengrün
1 Zwiebel
50 g Butter
1 Handvoll Brennessel-Spitzen
Petersilie, Kerbel, Borretsch-
Blätter und 4 Blüten
evtl. 75 g Beinwellblätter
1 Ltr. Gemüsebrühe
⅛ Ltr. saure Sahne

Zubereitung:

Zwiebel und Suppengrün klein geschnitten mit 1 Eßl.
Wasser in der Butter 5 Min. dünsten. Blätter von den
Brennesseln abstreifen (Strunken in der Brühe aus-
kochen) und mit den Borretsch- und Beinwell-Blättern zu
dem Suppengemüse geben. Mit der Brühe auffüllen,
kochen lassen bis die Blätter zusammenfallen und Topf
vom Feuer nehmen. Kräuter und Brennessel-Spitzen roh
und kleingehackt zugeben und alles im Mixer pürieren.
Vor dem Anrichten mit der sauren Sahne verrühren.
Mit einer schwimmenden Borretsch-Blüte verzieren.

Sauerampfer-Suppe

Zutaten:

250 g Kartoffeln
200 g Sauerampferblätter
Liebstöckl
1 Ltr. Gemüsebrühe
1 Eßl. Butter
⅛ Ltr. Sahne
Curry, Kräutersalz, Kerbel

Zubereitung:

Die kleingeschnittenen Kartoffeln mit dem Sauerampfer
und Liebstöckl-Blättern in der Brühe 10 Min. weich-
kochen. Im Mixer pürieren, Butter und Sahne zufügen
und abschmecken mit Salz und Curry. Kerbel sehr klein
gehackt darüber streuen.

Gurkensuppe, kalt

Zutaten:

1 große Salatgurke
1 kleine Zwiebel
Petersilie, Kerbel, Dill,
Pimpinelle
¼ Ltr. Gemüsebrühe
⅛ Ltr. saure Sahne
⅛ Ltr. süße Sahne
Pfeffer, Kräutersalz, Soja-Soße
2 Eßl. gehackte Walnüsse

Zubereitung:

Die Gurke, die Zwiebel und die Kräuter klein schneiden und im Mixer pürieren. ¼ Ltr. kalte Gemüsebrühe zugeben und abschmecken. Zum Schluß die Sahne unterrühren. In Tassen füllen und mit den kleingehackten Nüssen bestreuen.

Gazpacho

Zutaten:

1 Salatgurke
1 Paprika
400 g Tomaten
150–200 g Zucchini
1 Zwiebel
2 Eßl. Küchenkräuter, gehackt
¼ Ltr. Gemüsebrühe
⅛ Ltr. saure Sahne oder
Joghurt
Knoblauch, Kräutersalz,
Cayennepfeffer
2 Eßl. Obstessig oder Sauerkrautsaft

Zubereitung:

Siehe kalte Gurkensuppe.
Anrichten mit *Kräutercroûtons*. (Brotscheiben mit Kräuterbutter bestrichen, gewürfelt und im heißen Ofen oder in der Pfanne geröstet.)

Möhren-Suppe

Zutaten:

500 g Möhren
1 Ltr. Gemüsebrühe aus
2 Cenovis-Würfeln
1 Zwiebel
1 Eßl. Weizenvollkornmehl
1 Eßl. Butter
150 g süße Sahne
Ingwer, Salz
1 Eßl. Cognac

Zubereitung:

Möhren und Zwiebeln kleingeschnitten in ½ Ltr. Brühe garen und dann pürieren. Das angerührte Mehl mit der restlichen Brühe einige Minuten kochen und zum Möhrenpürée geben. Butter und Sahne unterrühren und mit Ingwer, Salz und Cognac abschmecken.

Avocado-Suppe, kalt

Zutaten:

2 reife Avodados
1 kl. Gurke
1 Eßl. Zitronensaft
2 Eßl. Wein
³⁄₈ Ltr. Gemüsebrühe
¹⁄₈ Ltr. Joghurt
¹⁄₈ Ltr. Sahne
1 Prise Zucker
Pfeffer

Zubereitung:

Avocados und Gurke klein schneiden und im Mixer pürieren. Brühe, Wein, Zitronensaft zugeben und zuletzt Joghurt und Sahne unterrühren.

Avocado-Suppe, warm

Statt Joghurt 1 Eßl. angerührtes Mehl mit der Gemüsebrühe aufkochen. Die pürierten Avocados und Gurke zugeben und mit Wein, Sahne, Butter und Pfeffer abschmecken.

Tomaten-Suppe

Zutaten:

1000 g Tomaten
1 dicke Zwiebel
50 g Butter
³⁄₄ Ltr. Gemüsebrühe
Basilikum, etwas Minze,
Paprika, Knoblauch
1 Prise Zucker
1 Stange Lauch
¹⁄₈ Ltr. geschlagene Sahne

Zubereitung:

Tomaten überbrühen und abziehen. Zwiebeln klein schneiden und in Butter glasig dünsten. Mit den Kräutern und den Tomaten im Mixer pürieren. Brühe zugeben und abschmecken. Lauchstange in hauchfeine Streifen schneiden und unterrühren. Zum Schluß die geschlagene Sahne auf die Suppe geben. Mit einem schwimmenden Gänseblümchen verzieren und heiß oder kalt servieren.

Zwiebel-Suppe

Zutaten:

500 g Zwiebeln
50 g Butter
1 Ltr. Gemüsebrühe
Knoblauch, Thymian, Kräuter-
salz, Pfeffer, Petersilie
4 Scheiben Vollkornbrot
4 gehäufte Eßl. geriebenen
Käse
evtl. 2 Eßl. Wein

Zubereitung:

Zwiebeln in dünne Scheiben schneiden und mit der Butter und 1 Eßl. Wasser glasig dünsten. Die heiße Gemüsebrühe und die Gewürze zugeben und 15 Min. langsam kochen lassen. Brotscheiben würfeln und in etas Butter rösten. Suppe abschmecken, evtl. Wein hinzufügen. Dann in 4 Steingut-Tassen verteilen, mit den Brotwürfeln belegen und den Käse dick daraufstreuen. Bei Oberhitze im Backofen leicht bräunen.

Borschtsch

Zutaten:

1 Ltr. Gemüsebrühe
(möglichst Pilzgemüsebrühe)
500 g Weißkohl
250 g Suppengrün
1 Gemüsezwiebel
250 g Rote Beeté
Kräuter (Basilikum,
Rosmarin, Salbei, Thymian,
Knoblauch, Cayenne-Pfeffer,
Paprika, Koriander,
1 Lorbeerblatt)
¼ Ltr. Rote-Beete-Saft
1 Becher Sahne

Zubereitung:

Weißkohl fein raspeln, Suppengrün und Zwiebeln kleinschneiden, Rote Beete grob raspeln. Alles zusammen mit den Kräutern und Gewürzen gar kochen. Den Saft der Roten Beete zugeben, erhitzen, aber nicht kochen, und abschmecken. Vor dem Anrichten auf jede Tasse 1 Eßl. geschlagene Sahne geben.

Kartoffelsuppe

Zutaten:

750 g Kartoffeln
  ½ **Gemüsezwiebel**
  1½ **Ltr. Gemüsebrühe**
  Liebstöckl, Rosmarin,
  Majoran, Muskat
  1 **Eßl. Butter**
  Möhren, Lauch, Sellerie
  evtl. 2 bis 3 Scheiben Voll-
  kornbrot, Kerbel, Petersilie

Zubereitung:

Kartoffeln, Zwiebel, Liebstöckl kleinschneiden und mit den Gewürzen in der Brühe gar kochen. Im Mixer pürieren. Möhren und Sellerie raspeln, Lauch in ganz dünne Scheiben schneiden und roh mit der Butter in die heiße Suppe geben. Geröstete Brotwürfel und gehackte Petersilie oder Kerbel darüberstreuen.

Variation:

Käsesuppe: In die heiße Kartoffelsuppe 125 g geriebenen Gouda einrühren.

Wintersuppe mit Gerste

Zutaten:

150 g Gerstenkörner
750 g Gemüse (Grünkohlblätter,
  Möhren, Lauch, Sellerie,
  Schwarzwurzeln, Petersilien-
  wurzel, Rüben, Pasternaken
  etc.)
  1½ **Ltr. Brühe**
  50 **g Butter**
  Kräuter der Provence
  Kräutersalz

Zubereitung:

Gerstenkörner in der Pfanne leicht rösten. Dann grob schroten. Mit dem klein geschnittenen Gemüse in die heiße Brühe geben und 15 Min. kochen lassen. Butter zufügen und abschmecken.

Vollkorn-Schrotsuppe

Zutaten:

**100 g mittelfein gemahlenes
Korn (Weizen, Roggen, Gerste,
Grünkern, Buchweizen)
1–2 Zwiebeln
3 Eßl. Öl
1½ Ltr. Gemüsebrühe
400 g fein geraspeltes Gemüse
(Möhren, Sellerie, Lauch,
Fenchel, Petersilienwurzel
etc.)
100 g Kräuter (Liebstöckl,
Majoran, Basilikum, Kerbel,
Petersilie, Beinwell,
Brennessel etc.)
50 g Butter
Soja-Soße
Hefeflocken
geriebener Käse**

Zubereitung:

Zwiebelscheiben in Öl glasig dünsten. Das geschrotete Korn in der Pfanne bei mittlerer Hitze rösten, über die Zwiebeln geben und mit der warmen Brühe auffüllen. Liebstöckl und Majoran zugeben und 10 Min. leicht kochen lassen. Vom Feuer nehmen, Butter, Gemüse und die restlichen Kräuter zugeben. Abschmecken mit Soja-Soße, Hefeflocken. Evtl. mit geriebenem Käse bestreuen.

Schrotsuppe aus Weizen und Gerste

Zutaten:

**¾ Ltr. Gemüsebrühe
¼ Ltr. Milch
50 g Weizen, frisch gemahlen
50 g Gerste, frisch gemahlen
etwas süße Sahne
Schnittlauch, Kräutersalz
1 kleine Fenchelknolle,
fein geschnitten
Meersalz, Kräuter**

Zubereitung:

Den frisch gemahlenen Schrot im trockenen Topf 3–5 Min. rösten, nicht bräunen. Topf wegstellen und abkühlen. Danach die Gemüsebrühe einrühren und aufkochen, kleingeschnittene Fenchelknolle zugeben, 5 Min. kochen, 15 Min. ziehen lassen. Abschmecken mit gekörnter Brühe, Meersalz. Zum Schluß Milch und Sahne unterrühren. Mit gehackten Kräutern bestreuen.

Schnelle westfälische Klütjensuppe, pikant

Zutaten:

1 Ltr. Gemüsebrühe
100 g Roggen, fein bis mittelfein
    gemahlen
100 g Weizen, fein bis mittelfein
    gemahlen
1 Ei
Salz, Petersilie

Zubereitung:

Ei und Salz schlagen und mit dem Mehl zu Klütjen (Klümpchen) verarbeiten. In die kochende Brühe schütten und 1–2 Min. leicht kochen. Mit gehackter Petersilie bestreuen.

Erbsensuppe

Zutaten:

500 g Erbsen, getrocknet
2½ Ltr. Wasser
4 Gemüsebrühwürfel
75 g Butter
etwa 200 g Zwiebeln
etwa 150 g Sellerie
etwa 150 g Porrée
2 Möhren
1 Petersilienwurzel
1 Pastinake
1 Lorbeerblatt
Liebstöckl, Majoran, Basilikum, Paprika, Hefe-extrakt, Kelpamare (Pflanzenwürze) oder Soja-soße, Hefeextrakt und Petersilie zum Darüberstreuen evtl. 100 g Sahne

Zubereitung:

Erbsen über Nacht einweichen. Mit den Brühwürfeln gar kochen, ca. 1–1½ Stunden. Das kleingehackte Suppen-gemüse mit den Gewürzen in der Butter anschmoren. Mit Wasser oder Brühe auffüllen und 15 Min. kochen lassen.
Die Erbsen pürieren, das Gemüse zugeben und nochmals 5 Min. kochen lassen. Zum Verfeinern kann man noch Sahne zufügen. Abschmecken und Petersilie darüber-streuen.

Bohnensuppe

Nach dem gleichen Rezept mit etwa 300 g abgezogenen Tomaten oder 2 Eßl. Tomatenmark kochen. Oder Bohnen und Erbsen mischen.
Die weichgekochten Hülsenfrüchte können je nach Geschmack püriert oder ganz gelassen werden. Auch nur die Hälfte der Suppe zu pürieren ist eine gute Möglich-keit.

Linsensuppe, grün und mild

Zutaten:

300 g Linsen
2 Ltr. Gemüsebrühe
½ Teel. Pilzbrühe-Extrakt
2 Zwiebeln
1 Knoblauchzehe
1 Stengel Liebstöckl
1–2 Eßl. Butter
150 g grüne Blätter
(wie Spinat, Salat, Brenn-
nesselspitzen, Beinwell,
Sauerampfer etc.)
4 Eßl. Kräuter (Kerbel,
Estragon, Minze, Petersilie)
½ Glas Wein
1 Becher saure Sahne
Selleriesalz, Pfeffer

Zubereitung:

Linsen in der Brühe mit dem Liebstöckl gar kochen, etwa 1 Stunde. Die kleingehackten Zwiebeln und die Knoblauchzehe in der Butter anschmoren, zu der Suppe geben und mitkochen. Die grünen Blätter in etwas Brühe pürieren, die Kräuter fein hacken und beides mit dem Wein und der Sahne unter die fertige Suppe rühren. Evtl. wieder heiß machen, aber nicht kochen. Abschmecken.

Linsensuppe, rot und scharf

Zutaten:

300 g Linsen
2 Ltr. Gemüsebrühe
1 Teel. Koriander
1 Teel. Kümmel
½ Teel. Ingwer
½ feingehackte Chilischote
Paprika
2 Eßl. Butter
2 Zwiebeln
1 Knoblauchzehe
400 g Tomaten
1 Petersilienwurzel
1 Möhre
1 Stück Sellerie
1 Stange Porrée
1 Paprika
1 Glas Rotwein
2–3 Eßl. Petersilie, gehackt

Zubereitung:

Linsen mit den Gewürzen in der Brühe gar kochen (Koriander und Kümmel im Mörser zerstoßen). Zwiebeln, Knoblauch und Suppengemüse klein schneiden und in der Butter dünsten. Tomaten pürieren und beides in die Suppe geben und 10 Min. mitkochen lassen. Mit Rotwein, Paprika und Salz abschmecken. Petersilie zum Schluß darüberstreuen.

Buttermilch-Suppe

Zutaten:

1 Ltr. Buttermilch
Zitronenschale, Orangenöl
2 Eßl. Honig
100 g Weizen, fein gemahlen
100 g Sahne
1 Eigelb
50 g Apfelringe, getrocknet
50 g Aprikosen, getrocknet
50 g Rosinen
50 g Mandelstifte

Zubereitung:

Apfelringe und Aprikosen klein schneiden und mit den Rosinen in 1 Tasse Wasser mindestens 1 Stunde einweichen.
Mit der Buttermilch, Zitronenschale, Orangenöl und Honig aufkochen. Das mit kaltem Wasser angerührte Mehl unterrühren und 1 Min. kochen lassen. Die Sahne zugeben und abschmecken.

Hagebutten-Suppe

Zutaten:

750 g Hagebutten
1½ Ltr. Wasser
1 Zitrone
100 g Rosinen
50 g Reismehl
2–3 Eßl. Honig
1 Glas Rotwein
Salz, Zimt
4 Eßl. Semmelbrösel
etwas Butter

Zubereitung:

Von den gewaschenen Hagebutten Stiel und Blüten entfernen und mit dem Wasser und der Zitronenschale ½ Stunde leicht kochen. Die weichen, heißen Hagebutten mit dem Wasser durch ein Sieb streichen, Rosinen zufügen und wieder zum Kochen bringen. Das Mehl mit kaltem Wasser anrühren und unter Rühren in die Suppe geben. Aufkochen lassen, bis die Suppe dicklich wird. Mit Zitronensaft, Rotwein, Honig, Salz abschmecken. Semmelbrösel in etwas Butter anrösten und vor dem Anrichten über die Suppe streuen.

Variation:

Mit kleingeschnittenen *Pfirsichen* anrichten.

Schnelle westfälische Klütjensuppe, süß

Zutaten:

1 Ltr. Milch
Zitronenschale
Vanille, Salz
200 g Weizen, fein bis mittelfein gemahlen
1 Eßl. Honig
1 Ei

Zubereitung:

Milch mit Zitronenschale und Vanille aufkochen. Das Ei mit etwas Salz schlagen, den Weizen zugeben und zu Klütjen (Krümeln) verarbeiten. In die Milch schütten und 1–2 Min. garen.

Friesische Fliedersuppe

Zutaten:

7 Holunderblüten
½ Ltr. Wasser
1 Ltr. Milch
50 g Tapioka Sago
2 Eßl. Honig
Salz, Vanille
2 Eier
evtl. Apfelringe zugeben

Zubereitung:

Holunderblüten im Wasser 15 Min. langsam kochen. Durchsieben und den Sud mit der Milch und Vanille zum Kochen bringen. Sago und 1 Prise Salz zugeben und 10–15 Min. bei leichter Hitze quellen lassen. Eigelb mit etwas Sahne verrührt zugeben und mit Honig abschmecken. Eiweiß mit Zimt und etwas Honig steif schlagen und als Klößchen auf die Suppe setzen.

Bananen-Suppe

Zutaten:

¾ Ltr. Gemüsebrühe
2–3 Bananen
½ Zitrone
Curry
1 Prise Salz
⅛ Ltr. saure Sahne
⅛ Ltr. süße Sahne

Zubereitung:

Bananen mit dem Saft der halben Zitrone pürieren, in die kochende Gemüsebrühe geben, heiß werden lassen und abschmecken mit Curry und Salz. Zum Schluß Sahne unterrühren.

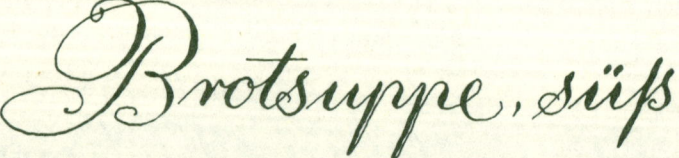

Brotsuppe, süß

Zutaten:

1 Ltr. Flüssigkeit, halb Wasser, halb Apfelsaft
2 Tassen Vollkornbrot
50 g Rosinen
2–3 mürbe Äpfel
Honig oder Birnendicksaft
Zimt, Nelken nach Geschmack

Zubereitung:

Kleingeschnittene Brotreste mit Wasser, Rosinen, Birnendicksaft, Apfelstückchen und Gewürzen aufkochen, einige Minuten ziehen lassen. Mit Apfelsaft auffüllen und mit Honig und Gewürzen abschmecken.
4–5 Eßl. leicht geschlagene süße Sahne obenauf geben und sofort servieren.

Haferklößchen

Zutaten:

⅛ **Pfd. Butter**
1 Ei
1 Eßl. Quark
150 g Nackthafer
½ **Teel. Gemüsebrühe-**
   Extrakt gelöst in 3 Eßl.
   kochendem Wasser
Sojasoße
Hefepulver
Muskatnuß
Majoranpulver
gehackte Petersilie

Zubereitung:

Hafer sehr fein mahlen. In der Pfanne rösten, bis es duftet (nicht bräunen). Mit Butter, Eigelb, Quark, Brühe und den Gewürzen verrühren. Pikant abschmecken. Eiweiß schlagen und unterrühren. 15 Min. quellen lassen. Kleine Klößchen abstechen und in siedender Brühe 15 Min. ziehen lassen.

Grünkern-Klößchen

Zutaten:

60 g Butter
1 Ei
1 Eßl. Quark
1–2 Eßl. geriebener Käse
½ **Teel. Gemüsebrühe-Extrakt,**
   gelöst in 3 Eßl. kochendem
   Wasser
150 g Grünkern
Muskatblüte

Zubereitung:

Siehe Haferklößchen.

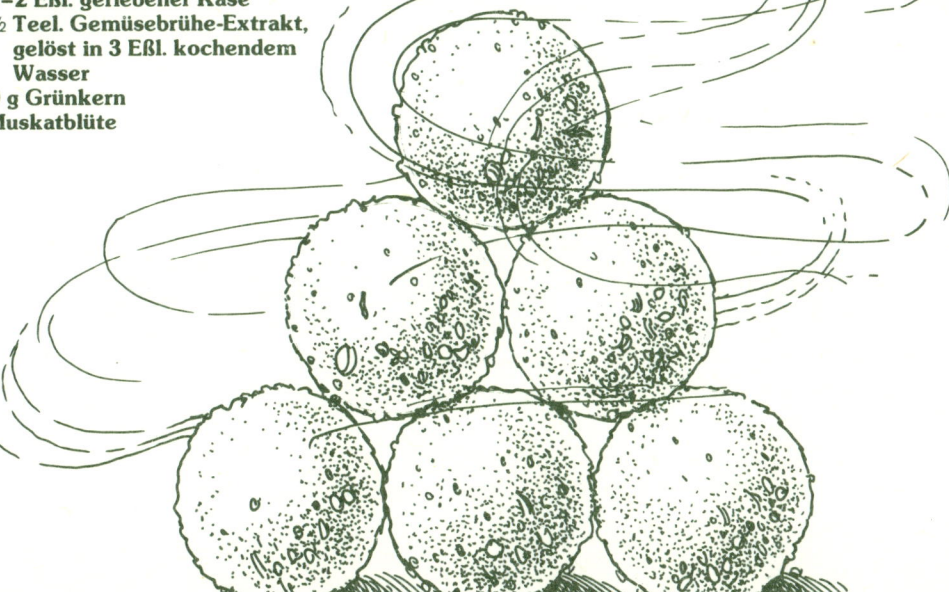

Grießklößchen pikant

Zutaten:

¼ Ltr. Gemüsebrühe
1 Eßl. Butter
100 g Vollkorn-Grieß
1 Ei
Petersilie, Muskatblüte,
Basilikum, Liebstöckl,
Pfeffer

Zubereitung:

Brühe mit der Butter und den Gewürzen zum Kochen bringen. Topf vom Feuer nehmen und den Grieß auf einmal unter Rühren hineinschütten, rühren bis sich die Masse als Kloß vom Topf löst. Nochmals 1 Min. erhitzen.

Dann das Ei (bzw. die Eier) gründlich untermischen. Mit dem Teelöffel kleine Klößchen ausstechen und in einem Topf mit Salzwasser, Brühe oder Suppe 10 Min. garen lassen.

Grünkern-Klößchen pikant

Zutaten:

60 g Butter
knapp ¼ Ltr. Wasser
(oder halb Milch, halb Wasser)
140 g fein gemahlener Grünkern
2 Eier
Meersalz, Muskatblüte

Zubereitung:

Siehe Grießklößchen pikant.

Grießklößchen mit Milch

Zutaten:

¼ Ltr. Milch
Salz, Muskat
1 Eßl. Butter
100 g Vollkorn-Grieß
1 Ei

Zubereitung:

Wie Grießklößchen pikant.

Verwendung:

Frühlingssuppen, Kaltschalen, Frucht- und Milchsuppen.

Nockerln (Gnocchi)

Verwendung:

1. als Suppeneinlagen
2. als Gemüsebeilagen mit flüssiger Butter und (oder) geriebenem Käse angerichtet
3. als Beilagen zu Fruchtmusen oder Obst

Mehlnockerln

Zutaten:

**200 g Weizenvollkornehl
1 Eßl. Butter, weich
1 Ei
⅛ Ltr. Milch
1–2 Eßl. Reibkäse
Salz, Pfeffer, Muskat, evtl.
Petersilie, Kerbel, Schnittlauch**

Zubereitung:

Alle Zutaten zu einem festen Teig rühren. 10 Min. ruhen lassen. Mit dem Teelöffel kleine Klößchen abstechen und in kochendem Salzwasser oder in Brühe 10–15 Min. garen lassen.

Grießnockerln

Zutaten:

**150 g Grieß
40 g Butter
1 Ei, 1 Eigelb
1 Eßl. kaltes Wasser
Kräutersalz, Muskat, evtl.
Petersilie, Kerbel, Schnittlauch**

Zubereitung:

Siehe Mehlnockerln.

Pilznockerln

Zutaten:

**1 Zwiebel
250 g Pilze
50 g Butter
2 altbackene Brötchen
1 Ei, 1 Eigelb
3 Eßl. Semmelbrösel
2–3 Eßl. Parmesankäse
2 Eßl. Petersilie, gehackt**

Zubereitung:

Zwiebeln und Pilze kleingeschnitten in Butter gar schmoren. Die eingeweichten und ausgedrückten Brötchen und die anderen Zutaten miteinander verkneten.

Mit dem Teelöffel kleine Klößchen abstechen und in kochendem Salzwasser 10–15 Min. garen.

Saucen

Sauce Hollandaise

Zutaten:

1. 2 Eigelb
   2 Eßl. warme Gemüsebrühe
   1 Eßl. Zitronensaft
   Pfeffer, Kräutersalz,
   1 Prise Zucker
   100 g Butter

2. 2 Eigelb
   ⅛ Ltr. Gemüsebrühe
   2 Eßl. Weizenvollkornmehl
   1 Eßl. Zitronensaft
   70 g Butter
   Kräutersalz, Pfeffer

Zubereitung:

Im Wasserbad Eigelb, Brühe, Zitronensaft und Mehl (nur Soße 2) cremig schlagen. Die Butter stückchenweise zufügen und abschmecken.

Variation:

Kapernsoße: Statt Zitronensaft 2 Eßl. Kapern unter die fertige Soße rühren.

Sauce Béarnaise

Zutaten:

2 Schalotten oder Zwiebeln
2 Eßl. Obstessig
1 kl. Glas Weißwein
Gewürze (6 zerdrückte Pfefferkörner, ¼ Lorbeerblatt,
1 Nelke)
½ Teel. gekörnte Gemüse-
brühe
3 Eigelb
75 g Butter
1 Eßl. fein gehackte Estragon-
Blätter
1 Teel. gehackter Kerbel

Zubereitung:

Die fein gehackten Schalotten (oder Zwiebeln) mit Wein, Essig und Gewürzen langsam bis zur Hälfte einkochen und durch ein Sieb geben. Im Wasserbad (heiß, aber nicht kochend) Eigelb und 1 Eßl. warmes Wasser mit dem Schneebesen cremig schlagen und nach und nach die weiche Butter dazugeben. Zum Schluß den Sud mit den Kräutern unter ständigem Rühren zugeben.

Bechamel-Sauce

Zutaten:

**2–3 Eßl. Weizenvollkornmehl
oder Vollreismehl**
¼ **Ltr. Milch**
¼ **Ltr. Wasser**
½ **Teel. Suppen-Extrakt**
¼ **Lorbeerblatt**
**Selleriesalz, Pfeffer, Muskat,
evtl. Knoblauch**
1 Eßl. Butter
evtl. 1 Eßl. Wein

Zubereitung:

In einer trockenen Pfanne das Mehl kurz rösten (nicht
bräunen). Abgekühlt die Flüssigkeit zufügen und mit den
Gewürzen 1 Min. aufkochen. Butter zufügen und ab-
schmecken.
Verfeinern mit 2 Eigelb oder (und) ⅛ Ltr. geschlagener
Sahne.

Variationen:

Curry-Soße: 1–2 Teel. Curry zufügen.

Senf-Soße: 2 Eßl. Brennessel-Senf unterrühren.

Meerrettich-Soße: mit 2–3 Eßl. Meerrettich und etwas
Apfeldicksaft abschmecken.

Kapern-Soße: mit 2 Eßl. Kapern aufkochen.

Käse-Soße (Sauce Mornay): 4 Eßl. geriebenen Käse und
1 Eßl. Wein unter die heiße, mit Eigelb und Sahne ver-
feinerte Soße rühren und schlagen, bis sich der Käse
aufgelöst hat.

Nuß-Soße: 1 Eßl. Nußmus und 2 Eßl. gehackte Walnüsse
unterrühren.

Mandelsoße: 1 gestr. Eßl. Mandelmus mit 1 Eßl. Wein
unter die Soße rühren. Mit Eigelb und Sahne verfeinern
und mit gerösteten, blättrig geschnittenen Mandeln bestreuen.

Kräuter-Soße: 3 Eßl. Dill oder Petersilie oder Schnittlauch
oder Kerbel oder gemischte Kräuter zugeben.

Wildkräuter-Soße: eine kleingeschnittene, in Butter weich
gedünstete Zwiebel und sehr fein gehackte Wildkräuter
wie Brennessel, Löwenzahn, Sauerampfer etc. unterrühren.

Sauce Vinaigrette

Zutaten:

2 gekochte Eigelb
½ Teel. Senf
1 Teel. Honig oder Apfeldicksaft
8 Eßl. Öl
2 Eßl. Obstessig
1 Eßl. Zitronensaft
4 Eßl. gehackte Kräuter
(Petersilie, Kerbel, Schnittlauch
etc.)
1 Zwiebel, klein gehackt
Salz, Pfeffer
evtl. Oliven und Kapern

Zubereitung:

Eigelb zerdrücken, mit Senf, Honig und Öl verquirlen.
Die restlichen Zutaten unterrühren und abschmecken.

Zwiebelsauce

Zutaten:

2 Gemüsezwiebeln
2 Knoblauchzehen
2 Eßl. Butter
1 Eßl. Apfelessig
1 Tasse Wein
2 Tassen Tomatensaft
1 Lorbeerblatt
Paprika, Cayennepfeffer,
Selleriesalz, je ¼ Teel.
Thymian, Oregano, Salbei,
Basilikum

Zubereitung:

Zwiebeln in Streifen schneiden und mit den gehackten
Knoblauchzehen in der Butter anschmoren. Die restlichen
Zutaten zugeben und 30 Min. einkochen lassen, bis eine
sämige Soße entstanden ist. Nach Geschmack noch
3 Eßl. Rosinen 5 Min. mitkochen lassen.

Feine Pilzsoße

Zutaten:

½ Ltr. Gemüsebrühe
50 g Vollreis
100 g Pilze
1 kleine Zwiebel
1 Eßl. Butter
2 Eßl. Mandeln
2 Eßl. Sherry
1 Prise Salz

Zubereitung:

In der zerlassenen Butter die sehr klein geschnittene
Zwiebel und die gewaschenen, blättrig geschnittenen Pilze
andünsten und auf kleiner Flamme etwa 5–10 Min. leicht
kochen lassen. Den fein gemahlenen, mit etwas Wasser
angerührten Vollreis zugeben und unter Rühren noch
1 Min. weiterkochen. Die Mandeln zugeben und mit Salz
und Sherry abschmecken.

Weinsoße pikant

Zutaten:

⅜ Ltr. Wasser
1 Cenovis-Brühwürfel
3 Eßl. frisch gemahlenes
Naturreis-Mehl
oder 2 Eßl. Kuzu
(Pfeilwurzelmehl)
⅛ Ltr. Weißwein
Schale einer halben Zitrone
¼ Teel. Honig
4 Eßl. Sahne
1 Teel. Butter

Zubereitung:

¼ Ltr. Wasser mit dem Brühwürfel und der geriebenen Zitronenschale aufkochen. Das Reismehl mit ⅛ Ltr. Wasser anrühren und unter Rühren dazugeben. 2 Min. kochen lassen. Die restlichen Zutaten unterrühren und abschmecken. Die Soße kann mit 1 Eigelb noch verfeinert werden.

Gurken-Dill-Sauce

Zutaten:

½ Gurke
½ Gemüsebrühwürfel, gelöst
in etwas Wasser
2 Eßl. Quark
1 Rahmfrischkäse
2 Eßl. Dill
Salz, Pfeffer, Zitronensaft

Zubereitung:

Gurke pürieren und mit den anderen Zutaten mixen.

Variation:

Gurkensoße mit 2 Eßl. Minze (gehackt) mischen.
Gurkensoße mit 1 pürierten Avocado mischen.

Sesamsoße (Tahinisoße) mit Petersilie

Zutaten:

1 Tasse Tahini
2 Knoblauchzehen
¾ Tasse Zitronensaft
Salz
3 Eßl. Petersilie

Zubereitung:

Knoblauch zerdrücken, mit dem Tahini cremig schlagen und nach und nach den Zitronensaft und evtl. noch etwas Wasser zugeben, bis eine Creme wie feste Mayonnaise entstanden ist. Mit Salz abschmecken.

Tomatensoße, gekocht

Zutaten:

600 g reife Tomaten
  (möglichst Fleischtomaten)
  1 Zwiebel
  1–2 Knoblauchzehen
  2 Eßl. Butter oder
  3 Eßl. Olivenöl
  2 Eßl. Tomatenmark
  ½ Tasse Rotwein
  ½ Teel. Basilikum
  ¼ Teel. Paprika
  ¼ Teel. Koriander, gemahlen
  1 Teel. Zitronensaft
  ⅛ Ltr. Sahne
  Kräutersalz, Pfeffer, Zucker

Zubereitung:

Die Tomaten überbrühen und abziehen. Zwiebel und Knoblauchzehe kleinhacken und in der Butter oder dem Öl dünsten. Die grob zerkleinerten Tomaten, die Gewürze, den Wein und das Tomatenmark zufügen. 10 Min. einkochen lassen. Soße im Mixer pürieren, Sahne zugeben und abschmecken.

Tomatensoße, ungekocht

Zutaten:

600 g reife Tomaten
  1 Zwiebel
  ½ rote Paprika
  ½ Gemüsebrühwürfel, gelöst
  in 3 Eßl. heißem Wasser
  2 Eßl. Salatkräuter
  1 Eßl. Zitronensaft
  Oregano, Basilikum, Pfeffer,
  Kräutersalz, 1 Prise Zucker,
  1 Prise Ingwer
150 g Creme fraîche

Zubereitung:

Brühwürfel in 2 Eßl. heißem Wasser lösen und alle Zutaten (außer Creme fraîche) pürieren. Zum Schluß Crème fraiche unterrühren und abschmecken.
Für eine scharfe Tomatensoße Chilischote enthäuten und feinhacken.

Quark-Mayonnaise

Zutaten:

4 Eßl. Quark
2 Eßl. Sahne
3 Eßl. Öl
½ Teel. Gemüsebrühe-Extrakt,
gelöst in 2 Eßl. heißem Wasser
1 Teel. Kräutersenf
1 Teel. Zitronensaft
Pfeffer, Paprika, Knoblauch,
Koriander, Muskat, Kräutersalz

Zubereitung:

Alle Zutaten mit dem Schneebesen miteinander verquirlen.

Variation:

Mayonnaise grün: Einige Eßl. feingehackter Kräuter quer durch den Garten unterrühren.

Avocado-Mayonnaise

Zutaten:

2 Avocados
1–2 Eßl. Quark
1 Eßl. Öl
3 Eßl. Zitronensaft
1 Teel. Senf
Pfeffer, Kräutersalz, Schnittlauch, Kerbel, fein gehackt

Zubereitung:

Avocados pürieren. Mit den anderen Zutaten mixen und abschmecken.

Kräuter-Remoulade

Zutaten:

2 hart gekochte Eier
2 rohe Eigelb
Salz und Pfeffer
4 Eßl. Weinessig
350 g Öl
1 Eßl. Senf
1 kl. Becher saure Sahne
5 Eßl. gehackte Kräuter
(Schnittlauch, Petersilie, Liebstöckl, Dill, Kerbel, Kresse, Estragon, Basilikum)
evtl. 1 Eßl. gehackte Kapern
1 Eßl. gehackte Gewürzgurken

Zubereitung:

Die hart gekochten Eigelb mit der Gabel zerdrücken, die rohen Eigelb zugeben und mit Salz, Pfeffer und Senf cremig rühren. Unter stetigem Rühren das Öl tropfenweise zugeben, danach den Essig. Wenn die Masse cremig ist, saure Sahne und zuletzt die Kräuter und die gehackten Eiweiße, Gurken und Kapern zufügen.

Apfelsoße/Weinsoße, süß

Zutaten:
¾ Ltr. Apfelsaft (möglichst
selbst gemachten)
2 Eßl. Vollreismehl
oder 3 Teel. Kuzu
(Pfeilwurzelmehl)
1 Eßl. Apfeldicksaft oder Honig
Zitronenschale, Zimt
evtl. 1–2 Eßl. Rosinen

Zubereitung:
½ Ltr. Apfelsaft mit geriebener Zitronenschale und Zimt
aufkochen. Vollreismehl angerührt zugeben und 1 Min.
unter Rühren kochen. 10 Min. ausquellen lassen. Honig
und evtl. Rosinen zugeben und mit dem Rest Apfelsaft
auf die gewünschte Konsistenz verdünnen. Nach Geschmack verfeinern mit 1–2 Eigelben.

Variation:
½ Ltr. Apfelsaft, ¼ Ltr. Wein.

Apfelsoße, ungekocht

Zutaten:
2–3 Äpfel
¼ Ltr. Apfelsaft
Saft einer Zitrone
Apfeldicksaft, Zimt, Anis

Zubereitung:
Alle Zutaten im Mixer pürieren und abschmecken.

Vorschläge für Frucht-Soßen und Frucht-Muse

Zutaten:
Stachelbeeren, Erdbeeren,
Rosinen

Pfirsiche mit Kirschen
oder Blaubeeren

Pfirsiche mit Brombeeren

Pfirsiche mit Brombeeren
und Bananen

Pfirsiche mit Brombeeren
und Äpfeln

Äpfel mit Sanddorn

Äpfel mit Banane und
Zitronensaft

Zubereitung:
Zutaten im Mixer pürieren und mit Honig oder Birnendicksaft, Zitronensaft und evtl. Sahne abschmecken.

Gemüse= & Kartoffelgerichte

Schmorgurken

Zutaten:

etwa 1500 g Schmorgurken
2–3 Eßl. Butter
½ Tasse Milch
150 g geriebenen Gouda
1–2 Eßl. Vollkornmehl

Zubereitung:

Die ungeschälten Gurken halbieren, evtl. Kerne entfernen und in Stücke schneiden. In der Butter etwa 5–10 Min. garschmoren. Die mit Käse und Mehl verquirlte Milch zugeben und aufkochen. Mit Dill bestreuen.

Auberginen gefüllt

Zutaten:

4 kleine Auberginen oder
2 große Auberginen
1 Gemüsezwiebel, etwa 500 g
1 Knoblauchzehe
1 Petersilienwurzel
1 Stück Sellerie
4 Eßl. Öl
1 Tasse Tomatensoße
½ Glas Wein
2 Eßl. Kapern, Paprika,
Petersilie, Salz, Pfeffer
1 Zitrone

Füllung:

100 g geriebene Walnüsse
4 Eßl. Parmesankäse
3–4 Eßl. Weizenkeime
4 Eßl. Milch oder Sahne
1 Eßl. weiche Butter
1 Ei
8–10 ganze Walnußhälften

Zubereitung:

Gemüsezwiebel in dünne Ringe schneiden, Knoblauch, Petersilienwurzel und Sellerie fein hacken. Alles zusammen in Öl anschmoren. Tomatensoße, Wein und Gewürze zugeben. Aufkochen, abschmecken und dann in eine längliche, feuerfeste Form füllen. Auberginen halbieren und mit Zitronensaft, Salz und Pfeffer bestreichen. Zutaten der Füllung zu einem geschmeidigen Brei rühren und auf die Hälften verteilen. Auberginen nebeneinander auf die Zwiebelsoße legen, mit den sehr grob gehackten Walnußhälften bestreuen und im Ofen 45 Min. bei 175 °C backen. Mit gehackter Petersilie bestreuen.

Auberginen-Püree

Auberginen im Ofen bei 175 °C weich garen, unter kaltem Wasser abschrecken, Füllung herauslösen und mit einer gehackten kleinen Zwiebel pürieren. Pikant abschmecken mit Zitronensaft, Kräutersalz, Senf, Curry etc.

Zwiebelgemüse

Zutaten:

750 g Gemüsezwiebeln
400 g Äpfel
  1 kl. Banane
 50 g Butter
  Ingwer, Salz, Koriander,
  Curry oder Kardamom

Zubereitung:

Zwiegelringe in der zerlassenen Butter mit 2 Eßl. Wasser 10 Min. zugedeckt garen.
Koriander, Apfel- und Bananenscheibchen zugeben.
Noch 10 Min. weiterschmoren. Abschmecken.

Ratatouille

Zutaten:

250 g Zwiebeln
500 g Auberginen
750 g Zucchini
250 g Paprikaschoten
500 g Gurken
500 g Fleischtomaten
  ½ Peperoni
  1–2 Knoblauchzehen
  3–4 Eßl. Öl
  Oregano, Rosmarin, Thymian,
  Basilikum (oder Kräuter der
  Provence)
  evtl. 1 Eßl. Butter und
  Petersilie zum Darüberstreuen

Zubereitung:

In einem großen Schmortopf das Öl erwärmen und nacheinander alle Zutaten kleingeschnitten dazugeben.
Alles gut vermengen und etwa 40 Min. schmoren lassen.
Das Gemüse soll gar sein, aber nicht zu weich. Sollte das Gemüse zu flüssig sein, mit 1 Eßl. Mehl überpudern und aufkochen. Abschmecken mit Salz, Pfeffer und Butter.

Variation:

Kalt mit etwa ⅛ Ltr. *Vinaigrette* verrühren und zu frischen Brötchen oder Brot reichen.

Kohlrouladen

Zutaten:

1500–2000 g Weißkohl oder
    Wirsing
500 g Tomaten
    1 Gemüsezwiebel
    Butter oder Öl zum Anbraten
    1 Teel. milden Paprika
    1 Gemüsebrühwürfel
    ½ Tasse Wein oder Wasser

Füllung:

    2 altbackene Vollkorn-
      brötchen
    1 kl. Tasse Brühe
  75 g gemahlene Haselnüsse
  50 g grob gehackte Walnüsse
    2 Eßl. Weizenkeime
100 g geriebener Gouda
    2 Eier
    Paprika, Kräutersalz, Muskat

Zubereitung:

Für die Füllung die 2 Brötchen in der heißen Brühe einweichen. Mit den übrigen Zutaten vermengen.
Den ganzen Kohlkopf im siedenden Wasser blanchieren,
bis die äußeren Blätter sich lösen. Vorgang ein- bis
zweimal wiederholen. Die äußeren, großen Blätter in
8 Portionen verteilen. Von der Füllung 8 längliche Klöße
formen. Auf die Blätter legen, die Seiten einschlagen
und aufrollen. Mit je einer Rouladenklammer umschließen.
Den inneren Kohlkopf und die Zwiebel kleinhacken. In
einer Kasserolle das Fett schmelzen und das Gemüse
darin anschmoren. Wein (Wasser), Gewürze und die im
Mixer pürierten Tomaten zugeben. Die Kohlrouladen
nebeneinander darauflegen, mit etwas von der Soße
begießen und im geschlossenen Topf etwa 45 Min. bei
niedriger Hitze garen.
Verdunstetes Wasser nachfüllen. Soße nach Bedarf mit
etwas Weizenvollkornmehl andicken.

Variation:

1. Kohlrouladen füllen mit *Grünkernmasse* (siehe Seite 74).
2. Kohlrouladenfüllung mit *Pilzen:*
   400 g geschnittene Pilze mit 2 Eßl. Butter anbraten.
   2 Tassen gekochtes Getreide (siehe Seite 73) zugeben,
   abschmecken.

Überbackener Chinakohl

Zutaten:

1200 g Chinakohl
250 g Schafskäse
¼ Ltr. Sahne
3 Eier
2 Knoblauchzehen
1 Zwiebel
1 Bund Petersilie
1 Bund Schnittlauch
Pfeffer
3–4 Eßl. Wasser
½ Gemüsebrühwürfel

Zubereitung:

Den Chinakohl grob zerkleinern und mit dem Wasser und Gemüsebrühwürfel halb weich kochen und in eine Auflaufform füllen. Den Schafskäse zerbröckeln, Petersilie, Schnittlauch und Zwiebel kleinschneiden und alles mit dem Kohl vermengen. Sahne, Eier, ausgepreßte Knoblauchzehen und Pfeffer miteinander verrühren und über den Kohl gießen. In den kalten Backofen schieben, unterste Leiste.
Backen: 50 Min. bei 200 °C.

Irish Stew

Zutaten:

1 kg Weißkohl oder Wirsing
400 g Kartoffeln
4 Zwiebeln
1–2 Teel. Gemüsebrühe-extrakt, gelöst in
¼ Ltr. heißem Wasser
Knoblauchsalz, Rosmarin, Lorbeerblatt, Kümmel
1 Eßl. Butter

Füllung:

125 g Walnüsse
1 Brötchen
2 Eier
je 1 Eßl. frische Petersilie und Kerbel
Salz, Muskat, Pfeffer

Zubereitung:

Den Kohl und die Zwiebeln in feine Streifen schneiden. Mit den Gewürzen in der Brühe 5–10 Min. leicht kochen. Kartoffeln schälen und in dünne Scheiben schneiden. Walnüsse fein mahlen. Zwiebeln und Kräuter fein hacken. Zusammen mit dem eingeweichten und ausgedrückten Brötchen, den Eiern und Gewürzen gut vermengen und abschmecken.
Schichtweise in eine gefettete Form mit Deckel füllen (Kohl, Kartoffeln, Füllung, Kohl, Kartoffeln). Zwischen Kohl und Kartoffeln Pfeffer und Kümmel streuen. Auf die Kartoffeln Butterflöckchen geben.
Zugedeckt im Ofen ca. 50 Min. bei 175 °C backen oder in einer verschließbaren Puddingform im Wasserbad 75 Min. kochen lassen.

Rotkohl mit Maronen

Zutaten:

1000 g Rotkohl
1 große Zwiebel
500 g Boskop-Äpfel
1 Glas Rotwein oder
Apfelsaft
½ Tasse Brühe
1 Eßl. Obstessig
2 Eßl. Butter
Meersalz, Nelken, Muskat,
Pfeffer
400 g Maronen, frisch oder
aus der Dose

Zubereitung:

Die kleingeschnittene Zwiebel in der Butter anschmoren, den fein gehobelten Kohl, die Apfelstückchen und die übrigen Zutaten zugeben und 1 Stunde leicht kochen. Die Maronen zufügen und abschmecken.
Frische Maronen im Ofen backen (Schale einritzen), bis die Schalen platzen, etwa 10 Min. Die abgepellten Maronen, bedeckt mit Flüssigkeit (halb Milch, halb Wasser) gar kochen.

Mangold- oder Spinat-Auflauf

Zutaten:

1000–1500 g Mangold
3 Eßl. Öl
4 Eier
Salz, Pfeffer, Muskat
¼ Ltr. Bechamel-Käse-Soße
oder Bechamel-Nuß-Soße
4 Eßl. geriebener Gouda

Zubereitung:

Das grob geschnittene Gemüse in Öl 5–10 Min. dünsten, bis es zusammengefallen ist. In eine gefettete, feuerfeste Form füllen. 4 pochierte (oder weich gekochte) Eier darauf legen und mit der Soße übergießen. Mit geriebenem Käse bestreuen und 10–15 Min. bei 175°C backen.

Brennessel-Püree

Zutaten:

750 g junge Brennesselblätter
50 g Butter
4–5 Eßl. Creme fraîche
Meersalz und schwarzen
Pfeffer zum Abschmecken

Zubereitung:

Die gewaschenen Brennesseln in größerem Kochtopf unter ständigem Wenden dünsten, bis sie etwas zusammengefallen sind. Dann fein hacken, mit Butter und Créme fraîche erhitzen und mit Meersalz und Pfeffer abschmecken.

Sauerkraut-Auflauf

Zutaten:

600 g Sauerkraut
4 Zwiebeln
2 Eßl. Tomatenmark
150 g Doppelrahm-Frischkäse
100 g Milch
2 Eier
1 Eßl. Butter
120 g geriebenen Käse

Gewürze:

½ Teel. Meersalz
1 geh. Teel. Curry
2 Teel. Paprika
1 Prise Schabziegerklee
2 Eßl. Hefeflocken
1 Teel. Oregano oder Majoran

Teig:

200 g Weizen, frisch gemahlen
20 g Hefe
40 g Butter
1 Prise Salz
100 g Wasser

Zubereitung:

Hefe in Wasser auflösen, den fein gemahlenen Weizen, weiche Butter und Salz zugeben und einen geschmeidigen Teig kneten. Eine Auflaufform mit dem ausgerollten Teig auslegen und 15 Min. ruhen lassen (zugedeckt). Zwiebel würfeln und in der Butter dünsten. Teig mit dem Tomatenmark bestreichen. Sauerkraut und Zwiebeln vermengen und in die Form füllen. Frischkäse mit den Eiern, Milch und den Gewürzen gut mischen und darübergießen. Mit geriebenem Käse bestreuen.

Backen:

Untere Schiene, vorheizen, 225 °C, 30–35 Min.

Als Beilage schmeckt Erbsenpürée gut.

Erbsenpürée

Zutaten:

500 g Erbsen, getrocknet
1 Bund Suppengrün
1 kl. Zwiebel
Lorbeerblatt, Majoran,
Basilikum, Knoblauchzehe,
Kümmel gemahlen,
Pfeffer, Salz
2 Eßl. Butter

Zubereitung:

Erbsen über Nacht einweichen. Mit dem Suppengrün und den Kräutern aufkochen und garen. Im Mixer pürieren. Butter zufügen und abschmecken.

Weitere Gemüsevorschläge

Möhrengemüse

750 g Möhren in Scheiben geschnitten mit 2 Eßl. Zitronensaft und wenig Wasser etwa 10 Min. garen (nicht zu weich kochen!). Dann 2–3 Eßl. Butter, 2 Eßl. Honig und 1 Eßl. frisch gehackte Minze zugeben. Bei mäßiger Hitze rühren, bis alles geschmolzen, die Flüssigkeit verdampft und die Möhren glasiert sind. Mit Salz und Pfeffer abschmecken. Evtl. mit gerösteten Mandelsplittern bestreuen.

Möhrengemüse mit Rosinen

500 g Möhren in Scheiben schneiden und 100 g Sellerie grob raspeln. In wenig Wasser mit 75 g Rosinen und 2 Eßl. Zitronensaft garen. Wasser verdampfen lassen und mit 2 Eßl. Butter, Salz und viel Curry abschmecken.

Bohnengemüse

750 g Bohnen mit 500 g kleingeschnittenen Tomaten, 2 dicken kleingehackten Zwiebeln, Bohnenkraut und 1–2 Eßl. Butter bei leichter Hitze gar schmoren. Würzen mit Salz, Pfeffer und Petersilie.

Rosenkohl mit Pfifferlingen

1 kg Rosenkohl mit 2 gehackten Zwiebeln in etwas Wasser garen. Salz, Muskat und 100 g Pfifferlinge zugeben und 5–10 Min. weiterschmoren.

Paprikaschoten

Mit Reis und Pilzen (siehe Seite 70) füllen. In eine feuerfeste Form Tomatensoße füllen und die Paprika darin garen.

Grünkohl

Grünkohl blanchieren, kleinschneiden, mit gehackten Zwiebeln, Knoblauch, Liebstöckl, Muskat und Koriander in etwas Brühe garen. Mit Salz, viel geriebenem Käse und Butter abschmecken.

Spinatgemüse
(Mangoldgemüse)

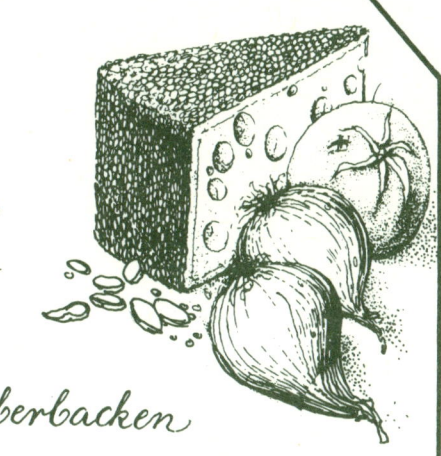

1. 1 kg gehackten Spinat und 2 gehackte Zwiebeln in Butter garen, mit 2 Eßl. Weizenkeimen und 4 Eßl. gehackten Mandeln verrühren. Abschmecken mit Salz, Muskat und Creme fraîche.
2. Spinat und Zwiebeln garen und mit Doppelrahmfrischkäse verrühren und abschmecken.

Spinat oder Mangold überbacken

1 kg Spinat grob gehackt mit 2 geriebenen Zwiebeln, Salz, Knoblauch und Pfeffer in etwas Butter dünsten, bis er zusammenfällt. Schichtweise mit geriebenem Käse in eine ausgefettete Form füllen. Mit Käse bestreuen und 10 Min. bei 200 °C backen oder grillen.

Variationen:

1. Spinat schichtweise mit *Käse* und *Nudeln* in die Form füllen und wie oben backen.
2. Spinat mit *Nockerln* (siehe Seite 43) in eine ausgefettete Form füllen und dick bestreut mit geriebenem Gouda überbacken.

Broccoli

750 g Broccoli in Salzwasser garen. Auf Kartoffelbrei mit Mandelstiften anrichten und mit geschmolzener Butter übergießen.
Oder mit Butterflöckchen besetzen und mit geriebenem Käse bestreuen. Evtl. kurz übergrillen.
Siehe auch Blumenkohl-Auflauf Seite 59.

Blumenkohl-Auflauf

1–2 Blumenkohlköpfe oder Broccoli in etwas Salzwasser nicht zu weich garen. Kartoffelbrei herstellen (siehe Seite 63) und in eine gefettete Auflaufform füllen. Mit Blumenkohlröschen bedecken und 250 g ungekochte, zarte grüne Erbsen in die Lücken verteilen.

Sauerkraut

1 kg Sauerkraut in Wein mit 2 kleingehackten Zwiebeln, 2 Äpfeln, 4 Wacholderbeeren, 2 Nelken, etwas Honig, Salz und Pfeffer gar schmoren. 1 Eßl. Vollkornmehl verquirlt in ⅛ Ltr. Sahne zugeben, nochmals aufkochen, Butter zugeben und abschmecken.

Oder Sauerkraut kochen mit ⅛ Ltr. Weißwein, 250 g Ananas, etwas Orangenöl, Ingwer, Salz, Butter und evtl. etwas Honig.

Gebackene Selleriescheiben

Sellerieknolle etwa ¾ Stunde kochen. Schälen und in dicke Scheiben schneiden. Jede Scheibe würzen und erst in Mehl, dann in verquirltem Ei und zuletzt in einem Gemisch aus Semmelbröseln und Weizenkeimen wälzen. Bei mittlerer Wärme in Butter goldgelb backen.

Porrée überbacken

12 dünne, etwa 20 cm lange Stangen in Salzwasser garen. In eine gefettete Form füllen. Aus dem Gemüsewasser eine Bechamelsoße (siehe Seite 45) kochen und über das Gemüse gießen. Dick mit geriebenem Käse bestreuen und Butterflöckchen daraufsetzen. Im Ofen bei 200 °C ca. 20 Min. goldgelb backen.

Rote Beete in Meerrettichsoße

1000 g Rote Beete gründlich gesäubert gar kochen. Das Kochwasser mit Milch auf ½ Ltr. auffüllen, 1–2 Teel. Gemüsebrühextrakt, ¼ Teel. Muskat, je 1 Prise Zucker, Ingwer und Knoblauch zugeben und mit 2–3 Eßl. angerührtem Weizenvollkornmehl unter Rühren 1 Min. kochen lassen. Vom Feuer nehmen, nach Geschmack Meerrettich und Butter zufügen. Die Rote Beete pellen, in Streifen schneiden und in die Soße geben. Zum Schluß ⅛ Ltr. geschlagene Sahne unterrühren und abschmecken.

Rote Beete in Zitronensoße

⅜ Ltr. Rote Beete-Kochwasser, ⅛ Ltr. Wein, 1–2 Teel. Gemüsebrühextrakt, die abgeriebene Schale einer Zitrone, je 1 Messerspitze Ingwer und Pfeffer, 1 kl. Prise Nelken, 1 Teel. Birnendicksaft und 10 Tropfen Orangenöl aufkochen. 2–3 Eßl. angerührtes Weizenvollkornmehl unter Rühren zugeben und 1 Min. kochen. Den Saft der Zitrone, 1 Eßl. Butter und zum Schluß ⅛ Ltr. geschlagene Sahne zufügen. Über die Rote Beete-Streifen gießen und abschmecken.

Kartoffelgerichte

Bircher Kartoffeln

Zutaten:

1000 g feste Kartoffeln
Öl
Kräutersalz
Kümmel

Zubereitung:

Kartoffeln sauber bürsten, längs halbieren und mit der Schnittfläche nach unten auf ein gefettetes, mit Kümmel bestreutes Backblech legen. Kartoffeln kreuzweise einschneiden, mit Öl bepinseln und 30 Min. bei 200°C backen.

Dazu: pikant abgeschmeckter *Quark* mit *Meerrettich* oder *Zwiebeln* und *Kräutern* oder *Kresse* und *Paprika*. Auch *Auberginen-Pürée* (siehe Seite 52) eignet sich als Beilage.

Schweizer Rösti

Zutaten:

1 kg Kartoffeln
100 g Reform-Margarine
Selleriesalz, Schnittlauch

Zubereitung:

Rohe gewaschene Kartoffeln oder feste Pellkartoffeln vom Vortag grob raspeln und salzen. 50 g Fett in einer großen Pfanne erhitzen, Kartoffeln hineingeben und etwa 15 Min. zugedeckt bei mittlerer Hitze goldgelb braten. Rösti wie Pfannkuchen auf den Deckel gleiten lassen, 50 g Fett in der Pfanne schmelzen und zweite Hälfte backen. Mit Schnittlauch oder anderen Kräutern bestreuen.

Kartoffelgratin

Zutaten:

1 kg Kartoffeln
50 g Butter
150 g geriebener Käse
2 Eier
¼ Ltr. Sahne
⅜ Ltr. Milch
Knoblauch, Selleriesalz,
Pfeffer, Muskat

Zubereitung:

Kartoffeln schrappen, in dünne Scheiben schneiden. Feuerfeste Form mit Knoblauchzehe ausreiben und mit Butter einfetten.
Eine Schicht Kartoffelscheiben einlegen, mit Salz, Pfeffer, Muskat und Kräutern würzen und mit etwas geriebenem Käse bestreuen. Darauf mit zwei weiteren Kartoffelschichten genau so verfahren. Sahne, Eier, Milch verquirlen und darübergießen, so daß die Kartoffeln knapp bedeckt sind. Mit dem geriebenen Käse dick bestreuen und Butterflocken aufsetzen. Ca. 45 Min. bei 200°C backen.

Variation:

Zwischen die Kartoffeln kann man statt Käse *Zwiebelscheiben* oder in Ringe geschnittene *Lauchstangen* oder *Pilze* oder *Kräuter* (Liebstöckl, Majoran, Rosmarin) legen. Vor dem Backen mit gehackten *Walnüssen* bestreuen, schmeckt auch sehr gut.

Kartoffel-Auflauf

Zutaten:

600 g gekochte oder rohe
Kartoffeln
2 Zwiebeln
50 g Butter
100 g Reibkäse
3 Eier
3 Eßl. Brühe
⅛ Ltr. saure Sahne
Selleriesalz, Kümmel, Pfeffer,
Rosmarin

Zubereitung:

Die kalten Kartoffeln sehr grob raspeln. Die Zwiebeln in Butter glasig dünsten. Eigelb, Käse, Brühe und saure Sahne mit den Kräutern verquirlen. Mit den Zwiebeln unter die Kartoffeln rühren. Eiweiß schlagen und unterrühren. In die gefettete Auflaufform füllen und etwa 40 Min. bei mittlerer Hitze goldgelb backen. Die ersten 15 Min. mit Deckel.
Evtl. vor dem Backen Butterflocken und 3 Eßl. gehackte Hasel- oder Walnüsse auf den Auflauf verteilen.

Kartoffel-Mousse

Zutaten:

750 g Kartoffeln
40 g Butter
3 Eßl. geriebener Käse
2 Eigelb
1/8 Ltr. Sahne
2 Eischnee
Kräutersalz, Muskatnuß,
Paprika, Milch, evtl. Kümmel

Zubereitung:

Kartoffeln kochen, pellen, durch eine Presse drücken, mit allen Zutaten verrühren, Eischnee zuletzt unterziehen. In eine gefettete Form füllen und bei 200° C 20 Min. überbacken.

Variationen:

1. Zu dem Kartoffelteig noch 250 g *Quark* dazugeben.
2. Zu dem Kartoffelteig 250 g gekochten, pürierten *Sellerie* geben.
3. Zu dem Kartoffelteig eine Tasse sehr fein gehackte *Garten- und Wildkräuter* zufügen.
4. Kartoffelteig schichtweise mit *Spinat* in eine gefettete Form füllen. (Spinatblätter mit in Butter geschmorten Zwiebeln, Oregano, Muskat und Salz kurz aufwallen.)

Herzogin Kartoffeln

Zutaten:

1 kg Kartoffeln
100 g Butter
1 Ei
2 Eigelb
Muskat
Salz

1 Ei zum Bestreichen

Zubereitung:

Gekochte Pellkartoffeln schälen, durch die Presse drücken. Butter dazugeben, Ei, Eigelb und Gewürze verquirlen und unterrühren.
Mit Spritzbeutel oder Löffel kleine Häufchen auf das gefettete Backblech setzen und mit dem geschlagenen Ei bestreichen. 15 Min. bei 200°C goldgelb backen.

Variationen:

1. Häufchen mit gehackten *Nüssen* oder blättrig geschnittenen Mandeln oder geriebenem Käse bestreuen.
2. In den Kartoffelteig statt 100 g Butter 50 g Butter und 50 g *Käse* geben.

64

Getreidegerichte

Frischkornbrei nach Dr. Bruker

Pro Person 50 g oder 3 Eßl. grob geschrotetes Getreide, entweder Weizen oder Roggen oder eine Mischung verschiedener Getreidesorten, werden mit kaltem Wasser zu einem Brei verrührt, der zugedeckt 5–12 Stunden stehenbleibt, am besten über Nacht. Am anderen Morgen wird er ergänzt durch Zugabe von getrennt eingeweichten Trockenfrüchten (Einweichwasser mitverwenden) und frischem Obst der Jahreszeit. Es sollte möglichst immer ein Apfel hineingerieben werden, um den Brei locker zu machen. Es kann evtl. etwas Zitronensaft oder Sahne zugegeben werden. Auch der Zusatz von Milch, Sauermilch oder Buttermilch ist möglich. Bei Darmempfindlichen muß die Milch weggelassen werden. Obenauf werden gehackte Nüsse gestreut.

Auch die Zubereitung nach Dr. Evers ist zu empfehlen:

3 Eßl. Roggen oder Weizen werden über Nacht (etwa 12 Stunden) mit ungekochtem kalten Wasser eingeweicht (keine Mischung verwenden, da beide Getreidearten verschiedene Keimzeiten haben). Am Morgen werden die Körner in einem Sieb mit frischem Wasser gespült. Dieser Vorgang wird so lange fortgesetzt (etwa 3 Tage), bis die Körner keimen und die Keimlinge etwa $\frac{1}{3}$ cm lang sind. In der Keimzeit sollten die Körner möglichst bei Zimmertemperatur stehen. Diese gekeimten Körner können mit Zutaten versehen werden, wie beim Frischkornbrei angegeben. Sie sind gründlich zu kauen.

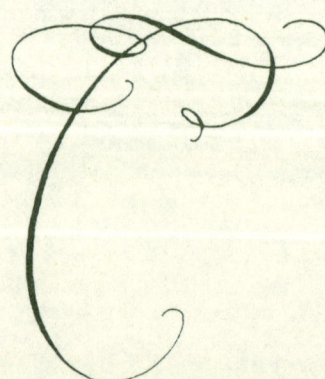

Getreidekörner, ganz gekocht

Roggen, Weizen, Grünkern, Nacktgerste, Nackthafer

350 g Getreidekörner – 600 g Wasser

Getreide 6–10 Stunden quellen lassen. Danach die Körner (Einweichwasser mit verwenden) mit den Gewürzen bei schwacher Hitze kochen lassen. Je nach Kornart 30–45 Min. im geschlossenen Topf nachquellen lassen.

350 g Buchweizen – 700 g Wasser

Kochzeit 25–30 Min.

350 g Naturreis – 700 g Wasser

Reis 5 Min. im offenen Topf kochen lassen, dann bei schwacher Hitze 40–45 Min. quellen lassen.

Gewürze für pikante Gerichte:

Gemüsebrühwürfel, Kräutersalz, Pfeffer, Basilikum, Thymian, Koriander.

Gewürze für süße Speisen:

Koriander, Anis, Fenchel, Zimt.

Variation:

Die ganz gekochten Getreidekörner im Mixer zu Getreidebrei zerkleinern.

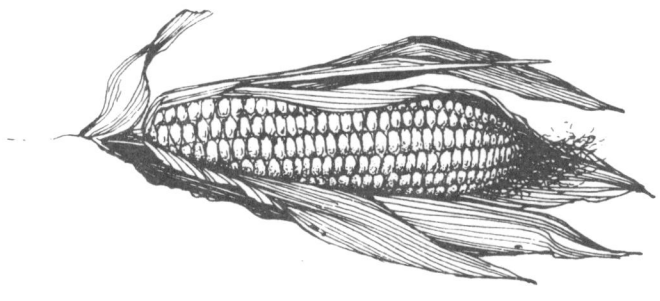

Gerichte
mit ganzen Getreidekörnern

1. Gekochte Getreidekörner mit *Gemüse* und *Kräutern* (evtl. auch Käse) in eine flache Auflaufform füllen und mit in Sahne verquirlten Eiern übergießen. Im Ofen backen, bis die Eimasse fest ist (auch als Pfannengericht geeignet).

2. Gekochte Weizenkörner, grob gehackte Haselnüsse und geraspelte Möhren in einer Pfanne mit geschmolzener Butter unter Rühren erwärmen.

3. Reis oder andere Getreidekörner mit kleingeschnittenem *Trockenobst* (wie Feigen, Pflaumen, Datteln, Rosinen, Aprikosen etc.) gar kochen. Mit Schlagsahne und gehackten Nüssen anrichten.

4. Getreidekörner (gekocht) mit frischem kleingeschnittenem *Obst* mischen. Dazu Schlagsahne, gesüßt mit Birnendicksaft, reichen.

5. Mandel-Getreide-Pudding Seite 77.

6. Reis Seite 70, 78.

7. Gersten-Frikadellen Seite 75.

Getreidesalat

Zutaten:

500 g Getreidekörner, gekocht gewogen
100 g Nüsse, grob gemahlen
100 g Sellerie, grob geraspelt
100 g Rote Beete, gekocht und gewürfelt
100 g Sauerkraut, klein geschnitten
1 Gewürzgurke, gewürfelt

Soße:

4 Eßl. Öl
3 Eßl. Apfelessig
3 Eßl. saure Sahne
1 Eßl. Kapern
½–1 Teel. Salz
½ Teel. Muskat
1 Prise Cayennepfeffer

Zubereitung:

Alle Zutaten gründlich vermengen und durchziehen lassen.

Buchweizen, pikant

Zutaten:

250 g Buchweizen
  1 Ltr. Gemüsebrühe
  2 Eßl. Butter
100 g geriebenen Gouda
  2–4 Eßl. Nüsse, gehackt
Kräutersalz, Curry, Pfeffer,
Knoblauch, Dill, Petersilie

Zubereitung:

Buchweizen in der Brühe langsam bei kleiner Hitze garkochen, etwa 15 Min. Dann noch 10 Min. nachquellen
lassen. Butter und Käse unter den Brei heben. Nach
Geschmack würzen. Mit Kräutersalz, Curry, frischen
Kräutern etc., evtl. mit grob gehackten Nüssen bestreuen.

Variationen:

1. *Risotto:* Gehackte *Zwiebeln*, kleingeschnittene *Möhren*
   und *Erbsen*, in Brühe oder Fett gar geschmort, unter
   den fertigen Buchweizen mengen
   oder
   geschmorte Zwiebeln mit Pilzen.

2. *Auflauf:* 2 Eier mit ⅛ Ltr. Sahne verquirlen und unter
   den Buchweizenbrei rühren. In eine gefettete Form
   füllen und mit Nüssen bestreuen oder mit Käse oder
   mit Zwiebackbröseln. Bei 175 °C etwa 30 Min. backen.

3. *Klöße:* Aus der Auflaufmasse Klöße abstechen und in
   siedendem Salzwasser garen. Evtl. noch etwas Buch-
   weizenmehl zufügen.

4. *Frikadellen:* Aus der Auflaufmasse Frikadellen formen,
   in Zwiebackbröseln wälzen und in Pflanzenfett ausbacken.

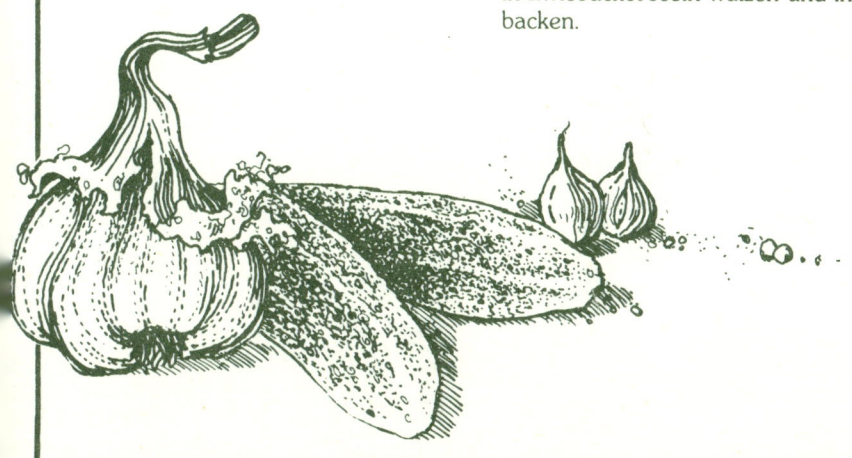

Reis, pikant

Zutaten:

400 g Naturreis, Mittelkorn
50 g Butter
¾ Ltr. Gemüsebrühe mit
Knoblauch
½ Glas Rotwein
¼ Teel. Safran
Salz, Pfeffer, Parmesankäse

Zubereitung:

In einer Kasserolle die Butter schmelzen, den Reis darin andünsten, bis alle Körner glasig sind. Mit Wein und Brühe aufgießen und würzen. Bei kleiner Hitze etwa 20 Min. garen. Evtl. noch etwas Brühe nachgießen. Der Reis muß zartkörnig, nicht breiig sein. Mit Parmesankäse bestreuen.

Variation: Reis mit Gemüse

In Butter gedünstetes Gemüse unter den fertigen Risotto heben:

1. Zwiebeln mit Erbsen und Möhren.

2. Zwiebeln mit Pilzen.

3. Zwiebeln mit Auberginen.

4. Zwiebeln mit Spinat und bestreut mit Schafskäse.

5. Zwiebeln mit Pilzen, Tomatenmark, Korinthen, Mandelstifte und etwas enthäutete, kleingehackte Peperoni.

Reisring mit Schmorgurken

Reis pikant in eine mit kaltem Wasser ausgespülte Form drücken. Auf eine runde Platte stürzen und die Mitte mit gedünstetem Gemüse füllen, z. B. mit Schmorgurken (siehe Seite 52) o. ä.

Hirsebrei pikant

Zutaten:

1 Ltr. Gemüsebrühe
300 g Hirse
1 Zwiebel
1 Eßl. Butter
1 Eßl. Petersilie
3 Eßl. Suppenkräuter
evtl. Majoran, Ysop, Muskat
oder Curry

Zubereitung:

Hirse in kaltem Wasser aufsetzen oder in der Pfanne
kurz rösten und mit kochendem Wasser übergießen. Die
Zwiebel und die Suppenkräuter kleingehackt zugeben,
aufkochen und bei schwacher Hitze etwa 25 Min. quellen
lassen.
Mit den übrigen Zutaten pikant abschmecken.

Variationen:

1. Hirsebrei als Füllung für Paprika und Tomaten.

2. *Hirse-Auflauf:* Hirsebrei mit 2 Eigelb und 4 Eßl. geriebenem Käse verrühren, den Eischnee unterheben und
   in eine gefettete Form füllen. Butterflocken und Vollkornbrösel darübergeben. Bei 225 °C ca. 30 Min. goldgelb backen. Mit Tomaten-, Kräuter- oder Pilz-Soße
   anrichten.

3. *Hirse-Frikadellen:* Hirsebrei mit Käse, 2 Eiern und
   2 Eßl. Mehl verrühren, in Paniermehl wälzen und in
   der Pfanne backen.

4. *Hirse-Klöße:* Hirsebrei mit 2 Eigelb und 2 Eßl. Mehl
   verrühren. Klöße abstechen und in kochendem Salzwasser ca. 10 Min. garen lassen. Mit Buttersoße oder
   roher Tomatensoße anrichten.

Polenta

Zutaten 1:

 2 Tassen Maismehl
 6 Tassen Wasser oder
   Gemüsebrühe
40 g Butter
Meersalz
evtl. 3 Eßl. Parmesankäse

Zutaten 2:

320 g Maisgrieß
 1 Ltr. Gemüsebrühe
 1 Eßl. Butter

Zubereitung:

Maismehl (Grieß) unter Rühren in das kochende Wasser (oder die Brühe) geben. Butter zufügen und etwa 30. Min. langsam kochen lassen, dabei häufig rühren, um ein Anhängen zu vermeiden. Polenta-Brei soll dick, aber geschmeidig sein. Evtl. in die fertige Polenta Parmesankäse rühren.

Variationen:

1. Polenta fingerdick auf ein Blech streichen, erkalten lassen und in Rechtecke schneiden. Im verquirlten Ei und Vollkornbröseln wenden und in Butter bei mittlerer Hitze *hellbraun backen.*

2. Polenta mit 2 Eiern und Parmesankäse verrühren und schichtweise mit gedünstetem *Spinat* in eine gefettete Form füllen. Oberste Schicht Polenta bestreut mit geriebenem Käse. Im Ofen bei 175 °C ca. 30–40 Min. backen.

3. Der Boden einer tiefen Form mit etwas *Tomatensoße* (siehe Seite 48) bedecken und mit Parmesankäse bestreuen. Dann eine Schicht Polenta einfüllen und wieder mit Soße und Käse bedecken. Wiederholen, bis alle Polente verbraucht ist. Den Soßenrest darübergießen, mit geriebenem Gouda bestreuen und im Ofen 5 Min. grillen.

Getreide, geschrotet

Schrotbrei pikant

Zutaten:

300 g Getreide, mittelfein
  gemahlen
  etwa 1 Ltr. Brühe
50 g Butter
  3 Eßl. Creme fraîche oder
  saure Sahne
  3 Eßl. Küchenkräuter
  Kräutersalz, Pfeffer, Koriander

Zubereitung:

Getreide bei mittlerer Hitze in trockener Pfanne ½–1 Min. rösten. Mit Brühe auffüllen und 15 Min. bei geringer Hitze garkochen. 10 Min. nachquellen lassen. Butter und Creme fraîche unterheben und würzen nach Geschmack.

Getreide-Steaks

Zutaten:

150 g Weizen, mittelfein
  geschrotet
100 g Roggen, mittelfein
  geschrotet
  75 g Grünkern, mittelfein
  geschrotet
400 g Gemüsebrühe
  2 Eier, geschlagen
  3 Eßl. Öl
  1 Eßl. Sesam
  3 Eßl. Hefeflocken
  Sojasoße, Koriander,
  Kräutersalz, Pfeffer
  evtl. 100 g geriebener Käse

Zubereitung:

Alle Zutaten miteinander verrühren. 1–2 Stunden quellen lassen. Kleine Steaks formen und in der Pfanne mit Butter bei leichter Hitze goldgelb backen oder auf ein gefettetes Backblech legen, 10 Min. bei 175 °C backen, dann mit einer Scheibe Käse belegen und kurz übergrillen.

Variation:

Die beiden Eier trennen. Eigelbe mit allen Zutaten verrühren. Eiweiße steif schlagen und zum Schluß unterheben. In eine gefettete Form mit Deckel füllen und im Wasserbad garen, ca. 1 Stunde.

Grünkern-Bratlinge

Zutaten:

300 g Grünkern bzw. Gerste,
    mittelfein geschrotet
50 g Weizen, fein gemahlen
¾ Ltr. pikante Gemüsebrühe
2 dicke Zwiebeln
2 Eier
Kräuter der Provence
4 Eßl. Hefeflocken
4 Eßl. geriebenen Käse
Sojasoße, Paprika, Pfeffer,
Kräutersalz

Zubereitung:

Grünkern mit der Brühe und den Kräutern aufkochen und 20 Min. quellen lassen. Zwiebeln in Butter weich schmoren und mit den anderen Zutaten unter die Grünkernmasse rühren. Mit öligen Händen Frikadellen formen, in Zwiebackbröseln wälzen und in Butter ausbacken.

Variationen:

1. Grünkernbratlinge mit einer Scheibe *Käse* übergrillen.

2. Als *Grünkern-Auflauf*: Eigelb und Eischnee verwenden. In eine gefettete Form füllen (evtl. schichtweise mit geschmorten Zwiebeln und Tomatenscheiben) und bei 175°C ca. ½ Stunde backen. Mit Tomatensoße anrichten.

Grünkernschrot als Füllung

für

Paprika, Tomaten, Gurken, Zucchini

Zutaten Füllung:

180 g Grünkern, mittelgrob
    geschrotet
60 g Hafer, fein geschrotet
½ Ltr. Gemüsebrühe
2 Eier oder 125 g Quark
80 g geriebener Käse
2 Zwiebeln
1–2 Eßl. Tomatenmark
Gewürze: Paprika, Oregano,
    Knoblauch, Basilikum,
    Meersalz

Zutaten Gemüse:

Paprika, Tomaten, Gurken oder
Zucchini
3 Zwiebeln, kleingeschnitten
2 gewürfelte Tomaten
½ Lorbeerblatt, Basilikum,
Oregano, Paprika, Pfeffer
1 – 2 Teel. Gemüsebrüheextrakt

Zubereitung:

Grünkernmasse zubereiten wie bei Grünkernbratlingen. Dann das ausgehöhlte Gemüse mit der Masse füllen. In einem Bratentopf oder einer Auflaufform mit Deckel Zwiebeln, Tomaten, Gewürze, Wein und 1 Tasse Wasser aufkochen. Das gefüllte Gemüse nebeneinander hineinsetzen und gar schmoren. Soße (Sud) mit Butter und Sahne abschmecken.

Gersten-Frikadellen

Zutaten:

230 g Gerste (Nacktgerste
    oder Sprießkorngerste)
 80 g Hasel- oder Walnüsse,
    gemahlen
  2 Eier
  1 Knoblauchzehe
  2 große Zwiebeln
  1 Teel. Curry
  1 Lorbeerblatt
  1 Teel. Delikata
  1 Gemüsebrühwürfel
  2 Eßl. Sellerieblätter, gerebelt
  1 Eßl. Majoran
  1 Eßl. Basilikum
  1 Eßl. Petersilie
gemahlener schwarzer Pfeffer
nach Geschmack

Zubereitung:

Die Gerste in der doppelten Menge Wasser über Nacht einweichen. Am anderen Morgen zusammen mit dem Brühwürfel und dem Lorbeerblatt im Einweichwasser kochen. Garzeit: 30–40 Min. Lorbeerblatt herausnehmen und nach dem Abkühlen die kleingeschnittenen Zwiebeln, die ausgepreßte Knoblauchzehe und alle anderen Zutaten unter die Gerstenmasse mischen, kleine Frikadellen formen und in der Pfanne mit Butter von beiden Seiten braten.

Variation:

Die fertigen Bratlinge mit einer Scheibe *Käse* belegen und bei geschlossenem Deckel schmelzen lassen.

Gerstenbratlinge siehe Grünkernbratlinge Seite 74.

Roggenknödel pikant

Zutaten:

 50 g Butter
  2 Eier
250 g Quark
175 g Roggen, frisch gemahlen
  2 Eßl. Hefeflocken
Pflanzenwürze, Kräutersalz,
Pfeffer, Koriander
  2 Zwiebeln
250 g frische oder eingeweichte
    getrocknete Pilze
    oder
100 g Paprika

Zubereitung:

Butter, Eigelb, Quark und Roggen zu einem Teig verrühren, ½ Stunde quellen lassen. Zwiebeln, Pilze oder Paprika kleinschneiden, in Butter weichschmoren und dazugeben. Eischnee unterheben. Klöße formen und in leicht kochendem Salzwasser garen.

Variation:

Roggenknödel in Zwiebackbröseln wälzen und in der Pfanne wie kleine, flache *Frikadellen* mit Butter ausbacken.

Knödel mit einer Scheibe *Käse* im Ofen 10 Min. backen.

Getreide geschrotet
Schrotbrei süß

Zutaten:

**300 g Getreide, mittelfein
geschrotet**
etwa 500 g Wasser
etwa 500 g Milch
(oder 1 Ltr. Wasser)
**Salz, Honig, Dicksäfte oder
Sirup**
**Koriander, Anis, Fenchel,
Zimt**
evtl. 2 Eßl. Butter

Zubereitung:

Den Schrot in Wasser mit Salz und Zitronenschale
15 Min. bei geringer Hitze garen. Die heiße Milch zugeben und 10 Min. nachquellen lassen. Nach Geschmack
Butter zugeben und würzen.

Variationen:

1. Anrichten wie Hafergrütze.

2. Mit der heißen Milch 3 Eßl. Rosinen und 3 Eßl.
gehackte Mandeln oder Nüsse zugeben.

3. Mit Butter, Sahne und Eigelb verrühren, Eischnee
unterheben und als **Auflauf** im Ofen oder im Wasserbad zubereiten. Dann anrichten mit Obstsoßen, Mus,
Weinsoße o. ä.

Porridge (Hafergrütze)

Zutaten:

600 g Wasser
120 g Hafer, grob geschrotet
1 Prise Salz
1 Eßl. Butter
1 Eßl. Honig
2 dicke Äpfel
3–4 Eßl. gehackte Nüsse
Milch bzw. Sahne

Zubereitung:

Hafer mit kaltem Wasser aufsetzen und zum Kochen
bringen. 10 Min. langsam kochen, dann Honig und Butter
zugeben und mit Salz abschmecken. Kurz vor dem
Anrichten roh geraspelte Äpfel und gehackte Nüsse auf
den Porridge geben. Dazu Rohmilch mit Vanille oder
Sahne als Soße reichen.

Mandel-Getreide-Pudding

Zutaten:

100 g Mandeln
100 g Magerquark
100 g Sahne
  2 Eßl. Birnendicksaft
  2 Eßl. Zitronensaft
  1–2 Eßl. Rosinen, eingeweicht
  Zimt, Sesamkörner nach
  Geschmack
100–125 g Weizenkörner oder
  Weizen- und Haferkörner
  gemischt, ungekocht
  (siehe Seite 67)

Zubereitung:

Mandeln abziehen, ganz fein mahlen. Mit den übrigen Zutaten (Rosinen mit Einweichwasser) vermengen. 200–250 g Weizen- oder Haferkörner (gekocht gewogen) unterrühren.
Evtl. mit gerösteten Sesamkörnern bestreuen.
Mit einer *Fruchtsoße* anrichten.

Variation:

Frisches *Obst* in Stücke geschnitten zugeben und die Sahne geschlagen unterheben.

Buttermilchbrei - ostfriesisch

Zutaten:

  1 Ltr. Buttermilch
100 g Roggen, grob gemahlen
  (oder Gerste)
  1 Prise Salz, Honig

Zubereitung:

Die Buttermilch kalt aufsetzen, den Roggenschrot zugeben und unter sorgfältigem Rühren zum Kochen bringen. Auf kleiner Flamme langsam ausquellen lassen, bis der Brei sämig ist (etwa 30 Min.). In tiefen Teller geben, mit Honig süßen, etwas rohe Milch oder Sahne darübergießen.

Roggen-Auflauf

Zutaten:

½ Ltr. Milch
110 g Roggen, mittelfein
geschrotet
40 g Hafer
2 Eier
50 g Butter
60 g Honig
125 g Quark
100 g Nüsse, gehackt
evtl. Aprikosen, getrocknet
oder frisch

Zubereitung:

Milch mit Salz und Zitronenschale aufkochen. Roggen-schrot zuschütten und unter Rühren 2 Min. leicht kochen. Vom Feuer nehmen und 10 Min. ausquellen lassen. Butter mit Eigelb, Quark und Honig gut verrühren und mit ¾ der Nüsse zu dem etwas abgekühlten Brei geben. Umrühren und den steif geschlagenen Eischnee unter-heben. In eine nicht zu tiefe, ausgefettete Form geben und mit den restlichen Nüssen bestreuen. Evtl. eine Schicht Aprikosen zwischen den Brei legen. Bei 175°C 50–60 Min. backen. Fruchtsoße oder Weinsoße mit Rosinen dazu reichen (siehe Seite 50).

Reis-Auflauf süß

Zutaten:

300 g Naturreis (Rundkorn)
½ Ltr. Wasser
¼ Ltr. Milch
3–4 Eßl. Honig
Salz, Zitronenschale,
Orangenöl, Muskat, Vanille
75 g Rosinen
75 g Nüsse, gehackt
3–4 Eier
4 Eßl. Sahne
50 g Butter

Zubereitung:

Reis und Salz mit dem Wasser zum Kochen bringen. Die heiße Milch zugeben und im geschlossenen Topf mit den Gewürzen garen, ca. 40 Min.
In den etwas abgekühlten Reis die Butter, die mit Sahne verrührten Eigelbe, die Rosinen und die Nüsse geben. Zum Schluß das steif geschlagene Eiweiß unterheben. In eine gefettete Form füllen und etwa 30 Min. bei 190°C im Ofen backen. Dazu Fruchtsoße reichen.

Hirse-Auflauf mit Früchten

Zutaten:

¾ Ltr. Milch
200 g Hirse
50 g Butter
3 Eßl. Honig oder Ahornsirup
½ abgeriebene Zitronenschale
50 g gehackte Mandeln oder
    Haselnüsse
2 Eier
500 g Obst der Jahreszeit
    (Kirschen, Pflaumen, Äpfel)
    oder 250 g Trockenobst in
    500 g Wasser eingeweicht
½ Teel. Meersalz
Vollkornbrösel, Butter

Zubereitung:

Hirse und Salz in die kochende Milch geben und auf kleiner Flamme in etwa 30 Min. ausquellen lassen. Fett, Honig und Eigelb schaumig rühren, Zitronenschale, Mandeln und den erkalteten Hirsebrei zugeben. Zuletzt den Eischnee unterheben. Die Hälfte der Masse in eine gefettete Auflaufform füllen, darauf das Obst mit etwas Zimt überstreut, dann die restliche Masse zugeben. Butterflöckchen aufsetzen, mit Vollkornbröseln bestreuen und bei 200 °C etwa 45 Min. backen.

Weizen-Nuß-Auflauf

Zutaten:

125 Weizen, fein gemahlen
½ Ltr. Wasser
¼ Ltr. Milch
100 g Haselnüsse
50 g Honig
    Zimt, Zitronenschale, Anis,
    Koriander, Salz
50 g Rosinen
2 Eier
1–2 Eßl. Butter

Zubereitung:

Das Weizenmehl und die Flüssigkeit mit Salz und Zitronenschale zu einem Brei kochen. Die nicht zu fein gemahlenen Nüsse, den Honig, 1 Eßl. Butter, die Rosinen und die Eigelbe zugeben und abschmecken. Den steifen Eischnee unterheben, in eine ausgefettete Form füllen und mit Butterflöckchen oder gehackten Mandeln belegen. Bei 175–200 °C ca. 50 Min. backen.

Weizen-Quark-Küchlein

Zutaten:

250 g Weizen (nicht zu fein gemahlen)
200 g Magerquark
1 Tasse Milch oder Wasser
3–4 Eßl. Sahne
1 Eßl. Honig
je 1 Teel. gestoßenen Koriander, Fenchel, Anis
¼ Teel. Salz, Zimt
evtl. 3–4 Eßl. grob gehackte Nüsse oder (und)
2 Eßl. Korinthen
Butter zum Ausbacken

Zubereitung:

Weizen mit dem Wasser 10 Min. quellen lassen, dann mit den anderen Zutaten zu einem geschmeidigen Teig verrühren. Butter auf mittlerer Hitze schmelzen lassen und flache Handteller Küchlein hellbraun backen.

Dazu Ahornsirup reichen, frisches Obst oder Fruchtsoße (siehe Seite 50).

Spätzle

Zutaten:

400 g Weizen, fein gemahlen
4 Eier
1 Teel. Meersalz
ca. 150 g kaltes Wasser

Zubereitung:

Das fein gemahlene Weizenmehl in eine Schüssel geben, die zerquirlten Eier und das Salz zugeben und so viel Wasser, bis ein zähflüssiger Teig entsteht. Mit dem Rührlöffel kräftig schlagen und mindestens eine halbe Stunde stehen lassen. Dann entweder in eine Spätzlemaschine füllen oder den Teig in kleinen Portionen auf ein Holzbrett geben und mit dem Messer längliche Spätzle in kochendes Salzwasser schaben. Kurz aufkochen lassen und mit dem Schaumlöffel in heißes Wasser geben. Gut abgetropft auf eine Platte geben, evtl. etwas geriebenen Käse dazwischen geben und mit geschmolzener Butter begießen.

Mehlspeisen & Pfannkuchen

Pasteten & Pies
Nachspeisen
süß & pikant

Pfannkuchen / Eierkuchen

Zutaten 1:

200 g Weizen, frisch gemahlen
 75 g Buchweizen, frisch
   gemahlen
  3 Eier
  3 Eßl. Quark
  ¾ Ltr. Milch
  Salz
  Butter oder Öl zum Backen

Zutaten 2:

250 g Weizen, frisch gemahlen
  3 Eier
  ¼ Ltr. Milch
  ¼ Ltr. Wasser
  Salz
  Butter oder Öl zum Backen

Zubereitung:

Aus allen Zutaten einen Teig rühren und 20 Min. quellen lassen.
Butter oder Öl in einer nicht zu heißen Pfanne erhitzen und Pfannkuchen goldgelb von beiden Seiten backen. Mit geschlagenem Eiweiß werden die Pfannkuchen besonders locker.

Variationen süß:

Pfannkuchen mit Fruchtsoße (siehe Seite 50) anrichten.
Pfannkuchen mit *Marmelade* bestreichen, aufrollen oder übereinander aufschichten, warmstellen und mit gehackten Nüssen bestreut servieren.
Pfannkuchenteig mit dünnen *Apfelscheiben* oder *Zwetschen*hälften belegen und backen.

Variationen pikant:

Gemüsepfannkuchen I. Mit Broccoli, Mangold, Spinat oder anderem Gemüse (Gemüsereste) füllen, einzeln aufrollen, nebeneinander in eine Form legen, warmstellen und evtl. mit geröstetem Sesam bestreuen.

Gemüsepfannkuchen II. 2–3 Zwiebeln, 1 Knoblauchzehe, 1 gewürfelte Paprikaschote und 2 gewürfelte Tomaten mit Kräutersalz, Pfeffer und Basilikum im offenen Topf schmoren bis Tomatensaft verkocht. Petersilie hacken und alles unter den Pfannkuchenteig heben. Die fertig gebackenen Pfannkuchen auf ein Backblech legen, mit geriebenem Käse bestreuen und kurz grillen.

Auberginenpfannkuchen. Zwiebelringe mit Auberginenscheiben in Öl gar schmoren und den Pfannkuchen damit belegen.

Grüne Pfannkuchen. An Stelle von Wasser ¼ Ltr. pürierten Spinat verwenden. Mit Käsecreme füllen und aufrollen. Käsecreme aus Quark, Doppelrahm-Frischkäse, Schnittlauch, Pfeffer und Salz herstellen.

Hirsepfannkuchen

Zutaten:

75 g Hirse, gemahlen
75 g Weizen, gemahlen
 2 Eier
⅛ Ltr. Milch
⅛ Ltr. Wasser
Salz
Butter zum Backen

Zubereitung:

Alle Zutaten miteinander verquirlen und dünne Pfannkuchen backen. Mit Ahornsirup bestreichen. Rohes Apfel-
mus (siehe Seite 94) als Beilage. Oder mit Gemüse
(Mangold, Spinat) füllen und aufrollen.
Evtl. als Beilage eine pikante Soße (siehe Seite 45).

Kräuterpfannkuchen

Zutaten:

200 g Weizen, frisch gemahlen
 50 g Hirse, gemahlen
 50 g Buchweizen, gemahlen
300 g Milch
225 g Mineralwasser
 4 Eier
 Salz
100 g geriebenen Käse
 etwas Kräutersalz
 4 Eßl. gehackte Kräuter
 (Petersilie, Schnittlauch,
 Liebstöckl, Majoran, Kerbel
 oder Wildkräuter)
 Öl zum Backen

Zubereitung:

Getreide fein mahlen. Milch, Mineralwasser und Eigelb
unterrühren. Teig 1 Stunde quellen lassen. Reibkäse unterziehen, würzen und gehackte Kräuter untermischen.
Zum Schluß Eischnee unterheben. Bei mäßiger Hitze
hellbraune Pfannkuchen backen, sofort servieren.

Crêpes

Zutaten:

3 Eier
½ Teel. Salz
evtl. Muskat oder Zimt
100 g Sahne
150 g Milch
150 g Wasser
125 g Weizen, frisch gemahlen
1 Eßl. Butter, geschmolzen
1 Eßl. Honig
evtl. 2 Eßl. Cognac
Butter zum Backen

Zubereitung:

Die Eier mit dem Salz schlagen, die anderen Zutaten zufügen und alles miteinander verquirlen. Teig ½ Stunde ruhen lassen. Ein Stückchen Butter in der Pfanne bei mittlerer Hitze schmelzen lassen und etwa 4 Eßl. Teig hineingeben (bei einer Pfannengröße von 18 cm Ø). Die Pfanne schwenken, damit sich der Teig verteilt. Crêpes auf jeder Seite 1 Min. backen.

Gemüse-Crêpes. Die fertigen Crêpes mit Parmesan, Kräutern oder geschmorten Zwiebelringen bestreuen und mit gekochtem Gemüse (Spargel, Erbsen, Pilze, Mangold etc.) einrollen. Man kann die Crêpes auch schichtweise mit Gemüse wie eine Torte anrichten.

Käse-Crêpes. Crêpe-Teig anrühren, 4 Eßl. in die Pfanne füllen, mit grob geriebenem Gouda bestreuen. 1–1½ Min. mit Deckel backen, bis der Teig gestockt ist. Crêpes einrollen, in eine gefettete, längliche Form legen und im Ofen warmhalten. Mit Tomaten, Pilz- oder Kräutersoße anrichten. Dazu frischer Salat.

Crêpes mit Äpfeln

Zutaten:

4–6 Äpfel
1 Banane
1 Eßl. Butter
Zimt, Honig
2 Eßl. Zitronensaft
evtl. 3 Eßl. Calvados
(Apfelschnaps)

Zubereitung: Äpfel und die Banane kleinschneiden, mit den anderen Zutaten weichschmoren. Apfelmasse auf die Crêpes verteilen und einrollen. Heiß essen oder nacheinander in eine längliche feuerfeste Form legen und im Ofen warm halten.

Man kann die Crêpes mit *Nüssen* bestreuen, mit *Sahne* begießen oder mit *Ahornsirup* beträufeln. Sie können Crêpes mit *rohen Früchten* oder mit in Butter weichgeschmorten Früchten oder auch mit *Mus* füllen.

Crêpes mit Quarkfüllung

Zutaten:

400 g Schichtkäse
2 Eier
2 Eßl. Birnendicksaft
2 Eßl. Weizenvollkornmehl
Zitronenschale, Vanille
evtl. 60 g in Rum getränkte
Rosinen

Zubereitung: Alle Zutaten zu einer formbaren Füllung verrühren.

Lauchtaschen (Piroggen)

Zutaten Teig:

600 g Weizen, frisch gemahlen,
   fein
  50 g Hefe
  ca. 350–400 g Wasser
   1 Eßl. Honig
   1 Eßl. Butter
  15 g Salz

Zum Bestreichen:

  1 Eigelb, 1 Eiweiß

Zutaten Füllung:

500 g Lauch (Porrée)
100 g Wasser
  1 Eßl. Öl
  1 Tomate
2–3 Eßl. süße Sahne
Salz, Pfeffer, Curry,
Hefeextrakt

Zubereitung Teig:

Siehe Hefeteig wie Dampfnudeln, Seite 97.

Zubereitung Füllung:

Den in Streifen geschnittenen Lauch mit 100 g Wasser und Öl in der Pfanne kurz dünsten. Kleingeschnittene Tomate, Sahne, Salz und Gewürze zugeben. Auf kleiner Flamme kochen, bis die Flüssigkeit vollständig aufgesogen ist.

Den Teig kurz durchkneten, messerrückendick ausrollen und runde Plätzchen ausstechen (10–15 cm Ø). Die Ränder mit Eiweiß bestreichen, in die Mitte 1 Eßl. der Füllung setzen und die Plätzchen zur Hälfte zusammenklappen. Ränder festdrücken. Die Teigstücke auf ein gefettetes Blech setzen, mit Milch oder Eigelb einpinseln und mit etwas geraspelten Käse bestreuen.

Backen:

Bei 220 °C etwa 20 Min. Heiß servieren.

Variationen zur Füllung:

1. *Frische Pilze* (kurz angedünstet) mit saurer Sahne, Petersilie, Paprika und Knoblauch abschmecken.

2. *Zwiebeln* (kurz angedünstet) mit frischem Pfeffer, Sahne, viel Muskatnuß.

3. *Spinatblätter* (kurz angedünstet) mit frischem Pfeffer, Sahne, viel Muskatnuß.

4. *Apfelscheiben* in geschmolzener Butter schwenken, Honig dazugeben, grob gehackte Walnüsse und etwas Zimt unterheben.

Quiche

Zutaten Teig:

75 g Butter
150 g Mehl
3–4 Eßl. kaltes Wasser
¼ Teel. Salz
Muskat

Zubereitung Teig:

Alle Zutaten schnell zu einem geschmeidigen Teig kneten und ½ Stunde kühl stellen. Eine Pie-Form mit dem Teig auslegen.

Quiche Marseille

Zutaten Füllung:

1–2 Tomaten
2 Zwiebeln
250 g Zucchini
250 g Auberginen
1 Paprika
Kräuter der Provence
100 g geriebener Käse
2 Eier
100 g Sahne oder Milch
1 Eßl. Weizenvollkornmehl
Salz, Paprika, Muskat

Zubereitung Füllung:

Tomaten und Zwiebeln klein schneiden und 10 Min. mit den Gewürzen zugedeckt schmoren. Die Paprika in dünne, Zucchini und Auberginen in dickere Scheiben schneiden und ca. 10 Min. mitschmoren. Das Gemüse soll gar, aber noch fest sein. Etwas abkühlen lassen, den Käse untermischen und in die mit Teig ausgelegte Pie-Form füllen. Eier, Sahne, Salz und Muskat verquirlen und darüber gießen. Im vorgeheizten Ofen 30–40 Min. bei 200 °C backen.

Quiche Lorraine

Zutaten Füllung:

250 g Zwiebelscheiben
250 g Champignonscheiben
1–2 Eßl. Butter
3 Eier
100 g Sahne
1 Eßl. Weizenvollkornmehl
100 g geriebener Gouda
3–4 Tomaten
Salz, Pfeffer, Basilikum,
Oregano

Zubereitung:

Pie-Teig in die Form füllen und 5–10 Min. bei 200 °C vorbacken.
Zwiebeln in Butter glasig dünsten. Pilze zugeben und im offenen Topf 5 Min. garen. Eier, Sahne, Mehl und Gewürze verquirlen. Mit dem Käse verrühren und zu dem Gemüse geben.
Abschmecken und auf den Pie-Teig verteilen. Mit Tomatenscheiben kranzförmig belegen und weitere 20–30 Min. bei knapp 200 °C backen, bis die Eimasse gestockt ist.
Evtl. mit Weinsoße anrichten (siehe Seite 47).

Porrée-Quiche

Wie Quiche Lorraine, nur an Stelle von Zwiebeln und Pilzen 500 g Porrée.

Kräuter-Quiche

Zutaten Füllung:

200 g Gemüse (Spinat,
Brennessel, Sauerampfer,
Brunnenkresse etc.)
je 1 Eßl. Petersilie, Kerbel,
Estragon, Dill
3 Eier
100 g Sahne
100 g Gemüsesaft
1 Eßl. Weizenvollkornmehl
50 g geriebener Käse

Zubereitung:

Das Gemüse mit 3 Eßl. Wasser kurz kochen, bis es zusammenfällt. Abtropfen lassen und kleinschneiden. Eier mit Sahne, Käse, Gemüsesaft, Mehl und Gewürzen verrühren. Das Gemüse zugeben, abschmecken und auf den Teig verteilen. Im vorgeheizten Ofen etwa 30 Min. bei 175–200°C backen.

Gemüsetörtchen

Je nach Größe 6–12 Papierbacktörtchen mit Quicheteig auslegen und bei 200°C 10–15 Min. backen. Feines Gemüse wie Blumenkohlröschen, Erbsen, Möhrenscheibchen, kleine Champignons oder Spargelstückchen kurz gar kochen (nicht zu weich!). Pasteten damit füllen und mit Sauce Hollandaise bedecken. 5 Min. im Ofen bei 150°C erwärmen. Nicht viel länger, sonst gerinnt die Soße!

Wirsing-Pastete

Zutaten Teig:

250 g Weizenvollkornmehl
150 g Butter
  4–5 Eßl. kaltes Wasser
  ½ Teel. Salz
  Muskat

Zutaten Füllung:

400 g Kohl
  1–2 Zwiebeln
250 g Champignons
  1–2 Eßl. Fett
  ½ Gemüsebrühwürfel
  Kümmel, Basilikum, Salz,
  Pfeffer
3 Eßl. Parmesankäse
3 Eßl. Quark

Zubereitung Teig:

Butter, Mehl, Wasser, Salz und Muskat schnell zu einem geschmeidigen Teig kneten. ½ Stunden kühl stellen.

Zubereitung Füllung:

Kohl und Zwiebel in Butter anschmoren, Kräuter und Gewürze zugeben und mit etwas Wasser gar schmoren. Zum Schluß bei offenem Topf garen, damit die letzte Flüssigkeit verkocht. Abschmecken. Die ausgefettete Pie-Form mit ⅔ des Teiges auslegen. Quark und Parmesankäse mischen, auf den Teigboden streichen und das Gemüse daraufgeben. Aus dem Teigrest Deckel ausrollen, auf die gefüllte Form legen. Boden und Deckelrand zusammendrücken. Schlitze in den Deckel schneiden und 30 Min. bei 200°C backen. Dazu Tomatensoße reichen.

Variation:

Füllung mit *Sauerkraut* und *Pfifferlingen*. Dazu Erbspürée (siehe Seite 57).

Spinat-Pastete

(Teig und Zubereitung siehe Wirsing-Pastete)

Zutaten Füllung:

750 g Spinat
  2–3 Eier
100 g Schafskäse
  1 Zwiebel
  2 Eßl. Butter
  Knoblauch, Salz, Pfeffer

Zubereitung der Füllung:

Zwiebel in Butter anschmoren. Spinat zugeben, kurz aufkochen, bis er zusammenfällt. Die geschlagenen Eier und die Gewürze unter den Spinat rühren. Auf die mit Teig ausgelegte Pie-Form füllen. Schafskäsewürfel darauf verteilen. Pie-Deckel auflegen.

Pfirsich-Brombeer-Pastete (Pie)

Zutaten Teig:

250 g Weizenvollkornmehl
150 g Butter
   4–5 Eßl. kaltes Wasser
   ½ Teel. Salz
   Muskat

Zutaten Füllung:

300 g Pfirsichscheiben
300 g Brombeeren
   2 Eßl. Honig
   2 gestr. Eßl. Vollkornmehl
   Zimt
   1–2 Eßl. Butter

Zubereitung Teig:

Butter, Mehl, Wasser, Salz und Muskat schnell zu einem geschmeidigen Teig kneten. ½ Stunde kühl stellen.

Zubereitung Füllung:

Pfirsiche, Brombeeren, Honig, Mehl und Zimt vermengen. Die ausgefettete Pie-Form mit ⅔ des Teiges auslegen (Rand hochziehen). Füllung darauf verteilen. Mit Butterflöckchen bestreuen. Aus dem Teigrest Deckel ausrollen. Auf die gefüllte Form legen, Rand festdrücken und Schlitze in den Deckel schneiden. 30 Min. bei 200 °C backen.
Vanille-, Apfelsaft- oder Weinsoße dazu reichen, oder selbst gemachtes Eis.

Variationen:

Füllung:

600 g Blaubeeren
   2 Eßl. Weizenvollkornmehl
   1–2 Eßl. Honig
   1 Eßl. Zitronensaft
   1–2 Eßl. Butter

Apfel-Pastete

Füllung:

500–600 g Äpfel (in dünne Scheiben geschnitten)
   1 Eßl. Weizenvollkornmehl
   1–2 Eßl. Birnendicksaft
   ¼ Teel. Muskatnuß
   ½ Teel. Zimt
   2 Eßl. Butter

Pizza

Zutaten:

Teig
etwa **400 g Weizen-Vollkornmehl**
200 g Wasser
  30 g Hefe
    1 gestr. Teel. Salz
    3 Eßl. Öl
    1 Ei

Belag
    1 Eßl. Öl
    ⅛ Ltr. Tomatenpüree
    2 Teel. Oregano
    1 Teel. Basilikum
    ½ Teel. Thymian
    1–2 Gemüsezwiebeln
    3–4 Paprika
    1 kg Fleischtomaten
300 g Schnittkäse
    nach Belieben Pilze, Arti-
    schockenböden, Zucchini,
    Oliven etc.

Zubereitung:

Hefe mit etwas Wasser und Mehl anrühren und 10 Min. warmstellen. Wenn die Hefe aufgegangen ist, Salz, Öl, Ei, das restliche Wasser und etwa die Hälfte des Mehles unter Rühren zugeben. Kräftig schlagen.

Dann mit dem Mehl zu einem geschmeidigen Teig kneten. Zudecken und warm stellen, bis sich die Menge etwa verdoppelt hat. Nochmals durchkneten und auf ein gefettetes Backblech ausrollen. Öl und Tomatenpüree verrühren, den Teig damit einpinseln und mit den Kräutern bestreuen.

Zwiebeln in hauchdünne Ringe, Paprika in Streifen und Tomaten in dicke Scheiben schneiden. Mit dem übrigen Gemüse auf dem Teig verteilen. Vorsichtig salzen und den gewürfelten oder geriebenen Käse darüberstreuen. 10 Min. gehen lassen.

Backen: Ofen vorheizen, 20 Min. bei 225°C im oberen Drittel des Ofens.

Variation (Zwiebelkuchen)

Pizza wie oben mit Tomatenpüree und Öl bestreichen und mit Kräutern bestreuen. Nach Geschmack mit Gemüse (siehe oben) belegen oder mit 1 kg glasig gedünsteten Zwiebelscheiben, bestreut mit Kümmel und 250 g geriebenen Käse. Dann 5 Eier verquirlt mit ⅛ Ltr. saurer Sahne, Salz und Muskat darübergießen.
Backen wie Pizza.

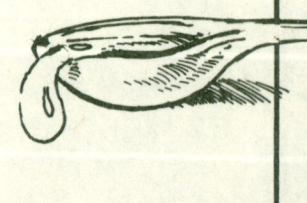

Nachspeisen

Zitronen-Creme

Zutaten:

½ **Ltr. Wasser**
90 g **Weizen, fein gemahlen**
100 g **Honig**
8 **Eßl. Zitronensaft,**
Zitronenschale
¼ **Ltr. geschlagene Sahne**

Zubereitung:

Den fein gemahlenen Weizenschrot und die Zitronenschale mit dem Wasser verrühren und ca. 2 Min. kochen. Dann erkalten lassen. Wenn die Masse noch warm ist, den Honig hineinrühren. Nach dem Abkühlen den Zitronensaft zufügen und die geschlagene Sahne unterheben. Kühl stellen.

Schokolade-Creme

Zutaten:

¼ Ltr. Wasser
¼ Ltr. Milch
1 gehäuft. Teel. Agar-Agar
2 Eßl. Honig
2 Teel. Kakaopulver
1 gestr. Teel. Vanille
1 Messersp. Zimt
1 Ei, getrennt
3 Eßl. gemahlene Haselnüsse
Pinienkerne

Zubereitung:

Agar-Agar mit der kalten Flüssigkeit anrühren, Honig, Vanille, Zimt, Nüsse, Kakao und Zimt zugeben und unter Rühren erhitzen. Etwa 10 Min. auf 70–80°C halten. Abkühlen und ein Eigelb unterrühren. Zuletzt das geschlagene Eiweiß unterheben und in kleine Schälchen füllen. Mit gehackten Pinienkernen verzieren und kaltstellen.

Vanillensoße

Zutaten:

½ Ltr. Milch
2 Eßl. Weizen, fein gemahlen
oder 2 Teel. Kuzu
(Pfeilwurzelmehl)
Salz, Vanille
1 Teel. Honig
1 Teel. Birnendicksaft
1 oder 2 Eigelb
⅛ Ltr. geschlagene Sahne

Zubereitung:

Das Weizenmehl mit etwas kalter Milch anrühren. Die übrige Milch mit Salz und Vanille zum Kochen bringen. Das angerührte Mehl unter Rühren zugeben und 1 Min. leicht kochen. Süßen und abkühlen lassen. Dann das Eigelb und die geschlagene Sahne unterrühren.

Hirsecreme

Zutaten:

125 g Hirse
½ **Ltr. Wasser**
⅛ **Ltr. Milch**
2–3 **Eßl. Honig**
60 g **Haselnüsse oder Mandeln**
1 **Prise Salz, Vanille, Anis,**
Koriander, Zitronenschale
100 g Sahne
500 g Früchte (Erdbeeren, Him-
beeren, Brombeeren, Heidel-
beeren oder Bananen)

Zubereitung:

Die sehr fein gemahlene Hirse mit dem Wasser unter
ständigem Rühren zum Kochen bringen. 2 Min. kochen.
Milch und Honig zugeben und 10 Min. ausquellen lassen.
Die gemahlenen Nüsse zugeben und nach Geschmack
würzen. Kalt die steif geschlagene Sahne unterziehen.
Die Beeren in eine Schale geben und mit der Creme
bedecken. Ergibt 6–8 Portionen.

Rhabarber-Creme

Zutaten:

200 g Rhabarber, jung
400 g Bananen
50 g **Walnüsse**
1 **Eßl. Honig**
Schale von 1 Zitrone
½ **Teel. Zimt**
1 **Messersp. Nelken**
1 **Messersp. Vanille**
⅛ **Ltr. süße Sahne**

Zubereitung:

Rhabarber in kleinste Stücke schneiden oder im Mixer
pürieren, musig geschlagene Banane, gehackte Walnüsse,
Honig und Gewürze zugeben. Zuletzt die geschlagene
Sahne unterheben.

Apfel-Quark-Creme

Zutaten:

2 dicke Äpfel
250 g Quark
1–2 Eßl. Honig oder
Birnendicksaft
1 Zitrone
Orangenöl, Zimt
1/8 Ltr. geschlagene Sahne

Zubereitung:

Quark mit Zitronensaft und -schale, Honig und den Gewürzen cremig rühren und abschmecken. Dann die grob geraspelten Äpfel und zum Schluß die Sahne unterrühren.

Variationen:

1. 1 kleine pürierte Banane mit unter den Quark rühren.
2. Die Creme mit grob gehackten Nüssen bestreuen.
3. Grobe Weizen-, Roggen- oder Haferflocken mit Honig in der Pfanne leicht rösten und darüberstreuen.

Apple Crisp

Zutaten:

ca. 600 g Äpfel
1–2 Eßl. Zitronensaft
1–2 Eßl. Apfeldicksaft oder Honig
1–2 Eßl. Rosinen
60 g grob geschroteten Hafer
50 g fein gemahlenen Weizen
1/2 Eßl. Honig
60 g Butter
2 Eßl. grob gemahlene Nüsse
je 1 Prise Salz, Zimt, Muskat

Zubereitung:

Die Äpfel entkernen, evtl. schälen und in dünne Scheibchen schneiden. Mit Zitronensaft, Apfeldicksaft und den Rosinen mischen und in eine ausgefettete Pie-Form füllen. Die übrigen Zutaten zu einer krümeligen Masse verarbeiten und über die Äpfel streuen.
Etwa 25 Min. bei 200 °C backen, bis die Krümel hellbraun und knusprig sind.

Bratäpfel

Zutaten:

4 dicke Boskop-Äpfel
100 g Marzipan
½ Eßl. Butter
1 Eßl. Birnendicksaft od. Honig
2 Eßl. geriebene Nüsse
2 Eßl. grob gehackte Walnüsse
evtl. 1 Eßl. Calvados

Zubereitung:

Von den 4 Äpfeln einen kleinen Deckel abschneiden und das Kerngehäuse ausstechen. Die ganzen Zutaten vermengen und in die Äpfel füllen. Deckel wieder darauflegen. In eine feuerfeste Form etwas Apfelsaft verrührt mit Honig gießen und die Äpfel darin 30–45 Min. bei 200 °C backen. Schmeckt besonders gut mit Vanillensoße (siehe Seite 93).

Apfelmus roh

Zutaten:

500 g Äpfel
1 Zitrone, Saft und Schale
1 Eßl. Birnen- oder Apfeldicksaft oder Honig
Zimt
etwa ½ Tasse Sahne od. Milch
3 Eßl. Hasel- oder Walnüsse

Zubereitung:

Äpfel vom Kerngehäuse befreien und mit allen Zutaten (außer den Nüssen) im Mixer pürieren. Abschmecken und mit den grob gehackten Nüssen bestreuen.

Äpfelstrudel

Zutaten:

250 g Weizen, fein gemahlen
 60 g weiche Butter
  2–3 Eßl. Öl
  etwa ½ Tasse Wasser
  je ¼ Teel. Salz und Muskat

Füllung:

  1½ kg Äpfel
  4 Eßl. Honig oder Birnen-
    dicksaft
  1 abgeriebene Zitronenschale
  1 Teel. Zimt
 60 g gehackte Nüsse
100 g Rosinen

Zubereitung:

Aus den angegebenen Zutaten einen geschmeidigen
Teig kneten und zugedeckt 1 Stunde ruhen lassen.
Dann den Teig auf einem bemehlten Handtuch zu einem
Rechteck ausrollen, etwa so groß wie das Backblech,
und mit zerlassener Butter bestreichen.
Äpfel grob raspeln, mit dem Honig und den anderen
Zutaten gut mischen und auf der Teigplatte verteilen.
Mit Hilfe des Tuches aufrollen und vorsichtig auf das
Blech legen. Mit Butter bepinseln und bei 200°C etwa
30–40 Min. backen. Heiß oder kalt anrichten mit Vanil-
lensoße oder Weinsoße.

Apfel-Quark-Auflauf

Zutaten:

400 g Quark
 75 g Honig
 60 g weiche Butter
 60 g Vollkorngrieß
  1 Zitrone
  3 Eier
 75 g Rosinen
 60 g Mandelsplitter
  4–5 Äpfel

Zubereitung:

Den Quark mit Honig, Butter, Grieß, Zitronenschale und
-saft und den 3 Eigelben cremig schlagen. Rosinen und
Mandeln zugeben und das steif geschlagene Eiweiß
unterheben. Die Hälfte der Quarkmasse in eine ausgefettete Auflaufform füllen. Die geschälten und vom Kerngehäuse befreiten Äpfel achteln und darauf verteilen.
Mit der restlichen Quarkmasse bedecken und ca. 40 Min.
bei 200°C im Ofen backen.

Großmutters Brotpudding

Zutaten:

5 altbackene Brötchen
250–300 ccm Milch
75 g Butter
Zitronenschale
1 Eßl. Honig
Orangenöl
Koriander, Muskat
4 Eßl. Mandeln, grob gehackt
100 g Rosinen
3 Eier

Zubereitung:

Die Brötchen in der heißen Milch einweichen. Zitronenschale, Butter, Honig, die 3 Eigelbe und Gewürze zugeben. Alles gut durchrühren, evtl. mixen. Mandeln und Rosinen zugeben und das steif geschlagene Eiweiß unterheben.
In einer gefetteten Form im Wasserbad 1½ Stunden leicht kochen. Dann auf eine Platte stürzen und mit einer Apfel-, Frucht- oder Weinsoße anrichten.
Man kann den Brotpudding auch in einer ausgefetteten Auflaufform im Ofen 50 Min. bei 175 °C backen.

Dampfnudeln

Zutaten:

500 g Weizen, frisch gemahlen
250 g Milch
30 g Hefe
60 g Butter
1 Ei
50 g Honig
1 Messersp. Zimt
1 Prise Salz

Zubereitung:

Hefe in der angewärmten Milch auflösen, den fein gemahlenen Weizen, den Honig, die weiche Butter, das Ei und die Gewürze zugeben und einen geschmeidigen Teig kneten. Zudecken und warm halten, bis sich die Menge etwa verdoppelt hat. Dann kurz zusammenkneten, 10 gleichgroße Kugeln rollen und nochmals 5 Min. in der Wärme gehen lassen. In einer Pfanne mit Deckel 150 g Wasser mit 1 Eßl. Honig und 1 Eßl. Butter erhitzen, die Hefekugeln nebeneinander einsetzen, Deckel schließen und bei niedriger Hitze 20–25 Min. garen lassen. Deckel in dieser Zeit *nicht* öffnen!
Die Flüssigkeit muß dabei fast eingekocht sein.
Dazu paßt Vanillesoße, rohes Obstmus oder Fruchtsoße.

Rote Grütze

Zutaten:

½ Ltr. Flüssigkeit, halb Wasser,
halb Fruchtsaft
50 – 75 g Tapioka (Sago)
1 – 2 Eßl. Rosinen
350 g Früchte, roh (Beeren,
Sauerkirschen etc.)
je 1 Eßl. Honig und Birnendicksaft

Zubereitung:

Die Flüssigkeit mit Tapioka und den Rosinen leicht kochen lassen. Etwas abgekühlt die Früchte dazugeben und nach Geschmack süßen. Kalt stellen. Dazu Vanille-Soße, Sahne oder Milch reichen.

Frucht-Pudding mit Agar-Agar

Zutaten:

½ Ltr. Flüssigkeit:
etwa ⅔ Wasser, ⅓ Fruchtsaft

oder

½ Ltr. Milch, verrührt mit
1 Eßl. Mandelmus
1 gehäufter Teel. Agar-Agar
1 – 2 Eßl. Rosinen
je 1 Eßl. Honig und Birnendicksaft
400 g Beeren oder andere Früchte

Zubereitung:

Agar-Agar mit der kalten Flüssigkeit anrühren und mit den Rosinen auf ca. 70 – 80° erhitzen. 5 Min. warmquellen lassen. Mit Honig süßen und über die Früchte gießen.

Kirschspeise

Zutaten:

360 g ausgekernte saure Kirschen
125 g Pumpernickel
     oder Schwarzbrot
 50 g geriebene Schokolade
     möglichst aus Karob
125 g Quark
⅛ Ltr. geschlagene Sahne
Obstdicksaft oder Honig
Vanille
Nüsse oder Mandeln zum
Drüberstreuen

Zubereitung:

Kirschen nach Geschmack süßen und in eine Glas-
schüssel geben. Pumpernickel und Schokolade fein reiben,
mischen und darüber verteilen. Als dritte Schicht den
gesüßten und gewürzten Quark mit der Sahne verrühren
und alles damit bedecken.
Mit gehackten Nüssen oder gerösteten Mandelsplittern
bestreuen.

Halbgefrorenes

Zutaten:

¼ Ltr. süße Sahne
2 Eiweiß
Honig zum Abschmecken

Gewürze:

Vanille, geröstete Nüsse,
Fruchtmark, geschlagene
Banane, 1 Eßl. Kirschwasser
je nach Geschmacksrichtung

Zubereitung:

Sahne schlagen, Honig zugeben. Eischnee sehr fest
schlagen.
Beides zusammenmischen, gewünschte Geschmackszutat
beifügen und einige Stunden tiefkühlen.
Mit Sahne und Früchten verzieren.

Avocado gefüllt

Zutaten:

2 Avocado
125 g Doppelrahmfrischkäse
½ Teel. Senf
1 Eßl. Sahne
je 1 Eßl. Walnüsse und
Pistazien, fein gehackt
4 Walnußhälften
Paprika, Pfeffer, Kräutersalz

Zubereitung:

Avocado der Länge nach halbieren und den Kern entfernen. Die Hälfte des Fruchtfleisches herauslösen und mit den übrigen Zutaten verrühren. Die Avocado-Hälften mit Zitronensaft beträufeln und mit der Käsemasse füllen. Zum Garnieren je 1 Walnuß-Hälfte.

Törtchen pikant oder süß

Zutaten Teig:

250 g Weizen, fein gemahlen
60 g weiche Butter
3 Eßl. Öl
etwa ½ Tasse Wasser
Salz, Muskat, Koriander

Zutaten Füllung:

150 g Frischrahmkäse
175 g Quark
Salz, Pfeffer, Kapern, Kräuter
Feines Gemüse wie Fenchel,
Blumenkohl, Stauden- oder
Knollensellerie etc.

Zubereitung:

Aus den Teigzutaten einen geschmeidigen Teig kneten und ½ Std. ruhen lassen. Dann Papierbackförmchen damit füllen und bei 200° im Ofen etwa 15 Min. backen.
Für die Füllung Quark, Käse und Gewürze gut verrühren und pikant abschmecken. Das sehr klein geschnittene Gemüse, auch verschiedene Sorten, zugeben und die Törtchen damit füllen. Mit Kapern, sauren Gurkenstückchen, gehackten Nüssen oder Blüten aus dem Kräutergarten bestreuen oder verzieren.

Variation süß:

Quark und Frischkäse mit Vanille, Honig oder Birnendicksaft verrühren, fein geschnittene Äpfel oder Ananas-Stückchen zugeben und mit Erdbeeren, Brombeeren etc. belegen. Die Variationsmöglichkeiten sind unendlich.

Bienenstich

Zutaten:

ca. 500 g Mehl
30 g Hefe
75 g Honig
250 g Milch
125 g Butter
1 Ei
Salz

Belag:

125 g Butter
150 g Honig
2 Eßl. Milch
2 Eßl. Zitronensaft
150 g Mandeln, blättrig
oder gestiftet
Vanille

Zubereitung:

Hefe mit etwas Milch und Mehl anrühren und 10 Min. warmstellen. Wenn die Hefe aufgegangen ist, Salz, Butter, Ei, die restliche Milch und etwa die Hälfte des Mehles unter Rühren zugeben. Kräftig schlagen. Dann mit dem restlichen Mehl zu einem geschmeidigen Teig kneten. Zudecken und warmstellen, bis sich die Menge etwa verdoppelt hat. Nochmals durchkneten und auf ein gefettetes Backblech ausrollen. Für den Belag Butter, Honig, Milch und Zitronensaft in einem Topf 5 Min. kochen lassen. Mandeln zugeben, nochmals aufkochen. Etwas abgekühlt auf den Teig verteilen. Den aufgegangenen Teig in den Ofen schieben und etwa 30 Min. bei 200° backen.

Variationen:

Den gleichen Teig können Sie auch für **Obstkuchen** (Apfel, Pflaumen, Blaubeeren etc.) verwenden. Oder für süße **Brötchen,** evtl. angereichert mit Rosinen und (oder) Nüssen.

Inhaltsverzeichnis

Champignons und Sojasprossen

Eis-Salat	Radicchio
Grünkohl	Römersalat
Gurken-Zucchini	Rosenkohl
Kresse	Rote Beete
Kohlrabi	Schwarzwurzeln
Kürbis	Topinambur
Petersilienwurzel	Zwiebeln und Paprika

Adressen

Literaturnachweis:

Dr. M.O. Bruker   **Unsere Nahrung – unser Schicksal**
Emu-Verlag
Lahnstein

Krank durch Zucker
Helfer Verlag E. Schwabe
6380 Bad Homburg v.d.H.

Gesund durch richtiges Essen
Tomus-Verlag
München

Dr. med. M.O. Bruker   **Biologischer Ratgeber für Mutter und Kind**
Ilse Gutjahr   Emu-Verlag
Lahnstein

Prof. Dr. W. Kollath   **Getreide und Mensch – eine Lebensgemeinschaft**
Helfer Verlag E. Schwabe
6380 Bad Homburg v.d.H.

Die Ordnung unserer Nahrung
Haug Verlag Heidelberg

v. Koerber, Männle,   **Vollwert-Ernährung**
Leitzmann   Haug Verlag Heidelberg

Dr. M. Bircher-Benner   **Ordnungsgesetze des Lebens**
Bircher-Benner-Verlag
Bad Homburg

Der erste und sehr erfolgreiche Band der Autoren Topp/Riffert.
Mittlerweile in der 4. Auflage.

Umfang: 88 Seiten

Aus dem Inhalt:
Warum Backen mit Vollkorn? Herstellung von Hefeteig, Sauerteig etc.
Brote und Brötchen, Stuten und Stollen aus Hefe. Roggenbrote, Mischbrote, Gerstenbrot,
Haferbrot, Zwiebelbrot, Kräuterbrot, Partybrot, Nußbrot.
Über 25 Kuchen und Torten, Kekse und Weihnachtsbäckerei, Pizza und Zwiebelkuchen etc.